GABI THIEME

WIE ICH THOMAS GOTTSCHALK RUMKRIEGTE

VON MARX BIS MADAM: ABENTEUER AUS DEM LEBEN EINER RASENDEN REPORTERIN

PAPERENTO *

* die mit der Ente

INHALT

VORWORT

Ich habe ein bisschen mit mir gerungen, ob ich dieses Buch schreiben soll und, vor allem, ob es Leser finden wird. Mein engster Berater, mein Mann, der immer erst einmal Zweifel sät, meinte: »Auch wenn sie noch so gut geschrieben sind, wen sollen solche persönlichen Geschichten interessieren? Und wer soll sie als Buch drucken?«

Ich suchte Rat bei einem früheren Journalistenkollegen, der sich 2012 mit einem eigenen Verlag in Chemnitz selbständig gemacht hat und längst Teil eines tollen Netzwerkes kleiner Verlage ist. Ich wollte von ihm einen Tipp, wen ich mit so einem Kurzgeschichten-Band begeistern könnte. Mir schwebten 25 humorvolle, aber auch nachdenkliche Erzählungen und Kolumnen vor, die alle einen Bezug zu Chemnitz haben und mit denen ich einen Beitrag zum Kulturhauptstadtjahr 2025 leisten wollte.

Ich weiß nicht, ob dieses von vielen ersehnte Jahr dazu beitragen wird, Chemnitz in eine höhere Liga unter den europäischen Großstädten zu katapultieren, und ob die Stadt das Potenzial einer solchen Ehrung voll ausschöpft. Ich jedenfalls wünsche es Chemnitz, wo ich mehr als 40 Jahre gearbeitet und 25 Jahre gewohnt habe. Mit Sicherheit wird die Stadt bekannter und mehr Aufmerksamkeit bekommen, Aufmerksamkeit hoffentlich nur im positiven Sinn.

Sicher: Amsterdam, Lissabon, Wien, Porto, Istanbul, Marseille oder Valletta kann Chemnitz nicht das Wasser reichen. Gleich gar nicht Matera, der Höhlenstadt mit ihren schaurig-faszinierenden Sassi in Süditalien, die ich bereiste, ehe sie 2019 Kulturhauptstadt wurde. Aber mit Plowdiw in Bulgarien, Patras in Griechenland, Pilsen in Tschechien oder Essen im Ruhrgebiet können wir mithalten. Auch mit Paphos auf Zypern, das 2017 Kulturhauptstadt war. Ich machte im November 2016 dort Urlaub. Die ganze Stadt glich einer Baustelle – von den Hotels entlang der Küste einmal abgesehen. Auf allen öffentlichen Straßen und Plätzen wurde noch gebaut, betoniert, asphaltiert, gepflastert und gepflanzt. Bis auf die Königsgräber, das Kastell und das Ruinengelände am Hafen konnte mich nichts richtig vom Hocker reißen. Einen Touristenschub brauchte die Stadt am Mittelmeer ohnehin nicht. Sie war diesbezüglich längst ein Selbstläufer, die Hotels waren voll. Anders als in Chemnitz, wo aber zumindest etliche Museen regelmäßig deutschlandweit für Aufmerksamkeit sorgen.

Ich hatte nicht erwartet, dass mein früherer Kollege Jens Korch gleich auf meine Idee aufspringen würde. Er ermutigte mich zu diesem Buch und wollte sich als Verleger mit mir zusammen auf dieses Experiment einlassen, wohlwissend, dass von mir in anderen Verlagen bisher nur Bücher mit wahren Kriminalfällen erschienen sind. Aber eines haben alle Geschichten gemeinsam, auch die in diesem Band: Sie haben sich wirklich ereignet, ich habe sie selbst erlebt, es sind lustige, aber auch tragische Geschichten, die das Leben geschrieben hat.

Was Sie in den Händen halten, ist kein klassisches Chemnitz-Buch. Es schlägt vielmehr den Bogen in die gesamte Region – vom Erzgebirge bis nach West- und Mittelsachsen, wo 35 Orte ebenfalls und zu Recht Teil der Kulturhauptstadt sein werden. Für mich sind sie alle ein Stück Heimat, weil ich sie gut kenne und mit ihnen besondere Erlebnisse verbinde. Meine Spuren führen aber auch in die Hohe Tatra, ins bulgarische Rilagebirge, in die Toskana, nach Frankreich in die Bretagne und sogar bis nach Saudi-Arabien. Zugleich verspreche ich, dass Sie in diesem Büchlein Dinge über Chemnitz und das frühere Karl-Marx-Stadt erfahren, die Sie garantiert nicht wussten.

Gabi Thieme
Sommer 2024

ERSTMALS IN KARL-MARX-STADT

Justitia, die Göttin der Gerechtigkeit, empfängt bis heute jeden am Eingang des Gerichtsgebäudes auf dem Kaßberg.

Liebe auf den ersten Blick war es nicht: meine erste Begegnung mit Chemnitz, das damals noch Karl-Marx-Stadt hieß. Es war der 10. Mai 1971. Ich hatte gerade alle schriftlichen Prüfungen für das Abitur an der Erweiterten Oberschule in Schneeberg hinter mir, als ich zum ersten Mal in meinem Leben in die Bezirksstadt musste. Da lagen schon 18 Jahre meines Lebens im Erzgebirge hinter mir. Karl-Marx-Stadt kannte ich nur aus dem Fernsehen und aus der Tageszeitung »Freie Presse«, die meine Eltern abonniert hatten. Aber selbst da las ich eher die Lokalseite Aue.

Ich kannte Ferienorte an der Ostsee, in Thüringen, im Harz, sogar den Plattensee in Ungarn durch Urlaubsreisen mit den Eltern, nicht aber Karl-Marx-Stadt. Zum Shoppen, etwa als meine Jugendweihe bevorstand, fuhren wir stets nach Zwickau. Vielleicht weil das näher an Altenburg lag, der Geburtsstadt meiner Mutter. Die kleidete mich am liebsten bei »Mäntel Meyer« in Zwickau ein. Es gab nie einen Anlass, Karl-Marx-Stadt zu besuchen, dessen Zentrum kurz vor Kriegsende fast völlig zerbombt worden war und das nun vor allem durch riesige Industriebetriebe glänzte. Vor allem mein Vater, ein Wismut-Bergmann, war eher naturverbunden, und diese Liebe zur Natur hatte er an meine beiden Schwestern und mich weitergegeben. Die Großstadt reizte einfach nicht. Nun aber hatte ich eine Vorladung in der Tasche: vom Bezirksgericht, der höchsten Justizbehörde im damaligen Bezirk Karl-Marx-Stadt. Während der Busfahrt zog ich das Schreiben immer wieder verstohlen aus der Tasche. Doch schlauer wurde ich damit nicht. Ich war als Zeugin geladen: zu einem Prozess, in dem gegen einen meiner Klassenkameraden und drei weitere, etwas ältere Ex-Schüler verhandelt wurde. Nicht wegen Mordes oder weil sie etwa geklaut oder randaliert hatten. Nein: wegen »staatsfeindlicher Gruppenbildung«. Ich hatte keine rechte Vorstellung, was sich konkret damit verband, und keine Ahnung, was das Gericht von mir als Zeugin wollte. Das Einzige, was ich wusste, war, dass ich nach mehr als einem Jahr einen Mitschüler wiedersehen würde, in den ich zeitweise sogar ein bisschen verknallt war: den Sohn des weithin bekannten Defa-Regisseurs Egon Günther aus Berlin.

An einem Frühlingstag 1970, gegen Ende der 11. Klasse, war Thomas plötzlich nicht mehr zum Unterricht erschienen. Keiner von uns wusste, warum. Später sickerte durch, er sei verhaftet worden, zusammen mit anderen Mitschülern aus höheren Klassenstufen – wegen »planmäßig begangener staatsfeindlicher Hetze«. Sicher, er war kein bequemer Mitläufer, sondern eher ein rebellischer Außenseiter, trug die dunklen Haare schulterlang, weshalb mancher Lehrer ihm vorhielt, er orientiere sich an der 68ern und den »Gammlern« im Westen. Aber er machte sich nichts daraus.

Thomas war redegewandt, belesen, diskutierfreudig. Mitunter provozierte er auch ganz bewusst mit Fragen im Unterricht. Aber deshalb war er doch kein Verräter, sagte ich mir immer wieder während der mehr als einstündigen Fahrt nach Karl-Marx-Stadt. Der Direktor unserer Schule hatte uns klargemacht, dass der Fall als »streng geheim« eingestuft worden war und wir Schüler deshalb nichts erfuhren. Viele von uns wurden damals über Wochen hinweg einzeln vernommen. Wir wurden verdonnert, mit niemandem darüber zu sprechen.

Obwohl ich viel zu früh in Karl-Marx-Stadt ankam, hatte ich keinen Blick für die Stadt und das gewaltige Baugeschehen im Zentrum, wo gerade das künftige Interhotel »Kongress« in den Himmel wuchs. Es sollte der i-Punkt im Zentrum der neuen modernen Innenstadt werden, so viel wusste ich. Ich bummelte langsam in Richtung Bezirksgericht. Dann stand ich vor dem großen roten Ziegelgebäude auf dem Kaßberg. Ich zeigte am Eingang meine Vorladung und lief bis in den zweiten Stock. Die Verhandlung war noch für eine Mittagspause unterbrochen. Vor dem Saal warteten bereits vier ehemalige Schneeberger Abiturientinnen, unser Direktor und ein Stasi-Mann. Den kannte ich, denn er trieb sich offenbar in Zusammenhang mit den Ermittlungen seit Monaten in unserer Schule herum. Ich wusste jedoch nicht, dass die Stasi-Kreisdienststelle Aue bereits im Oktober 1969 unter dem Decknamen »Student« einen operativen Vorgang zu den Aktivitäten Schneeberger Oberschüler angelegt hatte.

Kurz vor 13 Uhr wurden die vier Angeklagten in den Raum geführt. Mir war das alles ziemlich unheimlich. Schließlich wurden wir fünf Zeuginnen zusammen aufgerufen und belehrt. Wir standen dabei hinter den Angeklagten. Dann mussten vier den Raum wieder verlassen und vor dem Saal warten, darunter ich, die als Letzte befragt wurde. Ich begann zu zittern wie noch nie in meinem Leben. Ich weiß bis heute nicht, ob es Angst war, die mich beherrschte. Oder ob es der Gedanke war, jetzt gegen einen Gleichaltrigen aussagen zu müssen, den ich tief im Herzen noch immer sehr mochte. Von seinen angeblich feindlichen Aktivitäten hatte ich ohnehin nichts mitbekommen. Auch nichts davon, dass mit dem Einmarsch der Warschauer Vertragsarmeen 1968 in die ČSSR für die nun Angeklagten der Traum von Freiheit und von einem demokratischen Sozialismus geplatzt war. Mit mir hatte Thomas nie darüber gesprochen.

Ich betrat den Saal, nachdem ich über Lautsprecher aufgerufen wurde, und musste im Zeugenstuhl Platz nehmen – einen Meter von Thomas entfernt. 20 Minuten fragte mich der Richter aus: was in den FDJ-Versammlungen und Pausen diskutiert wurde, wie Thomas seine Arbeit als Kulturverantwortlicher unserer Klasse machte, welche Nato-Sender er hörte, wie er im Staatsbürgerkundeunterricht vor allem nach dem »Prager Frühling« mitwirkte und was ich über seine Kontakte zu den anderen Angeklagten wusste. Ich versuchte, nichts als die Wahrheit zu sagen, ihn nicht reinzureiten, aber auch nicht zu lügen. Für einen kurzen Moment erinnerte ich mich daran, dass ich noch in der 9. Klasse als Berufswunsch »Richterin« angegeben hatte. Jetzt war ich froh, dass ich dieses Ziel nicht weiterverfolgt hatte.

An jenem 10. Mai 1971 ahnte ich noch nicht, dass ich nach 1990 dieses Haus so oft wie kein anderes in Chemnitz betreten würde – ausgenommen meine Wohnungen und die beiden Arbeitsstellen, die mich ab 1976 mehr als 40 Jahre an die Stadt

---

»In Karl-Marx-Stadt gibt es viel mehr als in den Kaufhäusern in Aue und Schneeberg. Und so unattraktiv ist die Stadt gar nicht«, schrieb ich an diesem Abend in mein Tagebuch.

---

banden. Nicht als Zeugin kam ich immer wieder in dieses Gerichtsgebäude, sondern als Reporterin. Aber das ist eine andere Geschichte. Als ich zurück zum Ausgang lief, musste ich ganz dicht an den Angeklagten vorbei. Ich erkannte Thomas kaum wieder. Er war leichenblass und sah mit seinem kurz geschnittenen Haar aus wie ein 14-Jähriger. Er tat mir leid.

Zurück ins Erzgebirge haben mich und den Schuldirektor zwei Mitarbeiter des Rates des Kreises Aue, Abteilung Volksbildung, im Auto mitgenommen. »Sie sind doch die, die wir wohl eines Tages als Korrespondentin in China sehen werden?«, meinte der eine. Dass ich nach dem Abitur gegen viele Widerstände die journalistische Laufbahn einschlagen würde, war gemeinhin bekannt. Aber wie kam der ausgerechnet auf China?

Unterwegs hielten wir noch auf einen Kaffee in einer kleinen Gaststätte an. Aus den Gesprächen erfuhr ich Dinge, die vermutlich nicht für meine Ohren bestimmt waren. Thomas hatte geplant, die DDR über Bulgarien illegal zu verlassen, dann aber doch davon abgesehen. Auch sagten die Männer am Tisch, dass er mit einer vergleichsweise milden Strafe davonkommen würde und nach seiner Entlassung bei seinem Vater in Berlin beruflich einsteigen werde. Ich fragte mich, woher die das alles schon wussten, wo es doch noch gar kein Urteil gab.

Einen Tag später war ich erneut nach Karl-Marx-Stadt unterwegs, diesmal gab es einen schönen Anlass. Im Auto meines Klassenlehrers und zusammen mit einer Mitschülerin steuerten wir das DDR-Reiseunternehmen »Jugendtourist« an, das seine Büros in der Pornitzstraße, einer Seitenstraße der Zwickauer Straße, hatte. Dort machten wir unsere Abi-Fahrt endgültig klar. Es sollte mit dem Zug für vier Tage nach Leningrad und fünf Tage nach Moskau gehen. Wir waren total happy, als wir die Reise für die gesamte 12a unter Dach und Fach hatten. Wir nahmen uns danach noch Zeit für einen kurzen Stadtbummel. Vom Fritz-Heckert-Platz, der heute wieder Falkeplatz heißt, erblickte ich das Gerichtsgebäude, in dem ich gestern noch gebibbert und gebangt hatte. Dann zogen wir weiter bis zum Centrum-Warenhaus, das heute unter dem Namen »Tietz« Kulturzentrum ist. »In Karl-Marx-Stadt gibt es viel mehr als in den Kaufhäusern in Aue und Schneeberg. Und so unattraktiv ist die Stadt gar nicht«, schrieb ich an diesem Abend in mein Tagebuch. Acht Monate später bezog ich im Stadtteil Borna ein Zimmer zur Untermiete, denn im März 1972 begann – nach der ersten Station in Berlin – der zweite Teil meines journalistischen Volontariats.

Thomas Günther sah ich erst 30 Jahre nach dem Prozess wieder: bei einem Klassentreffen. Ich erfuhr, dass er sich nach der Haft in Potsdam als Gartenarbeiter und in Berlin unter anderem als Regieassistent und Lyriker versucht hatte. Nach der Wende war er als Autor und im Verlagswesen tätig. Nach Karl-Marx-Stadt oder Chemnitz kam er nie wieder. Er starb 2018 in Berlin.

EIN RECHTSLENKER SORGT FÜR WIRBEL

Moment mal, hier stimmt doch was nicht? Doch, das Lenkrad im Wartburg sitzt tatsächlich auf der rechten Seite. Das Fahrzeug wurde einst so für den britischen Markt gebaut.

Als ich meinen Fotografen-Mann – Wolfgang Thieme – während der Ausbildung 1972 zunächst als Kollegen kennenlernte, fuhr er privat einen Trabi und als Dienstwagen einen Moskwitsch. Der Mosi, wie ihn alle nannten, war zwar robust und ließ ihn nie im Stich, aber er rostete ihm förmlich unterm Hintern weg. Daher machte er auch drei Kreuze, als er ihn im Fuhrpark der DDR-Nachrichtenagentur ADN in Berlin endlich gegen einen Wartburg 353 tauschen konnte: einen weißen mit hellblauem Dach. Der war zwar kein Neuwagen, sondern ein abgelegter seiner Berliner Kollegen, aber allemal besser als der Mosi, meinte er.

Irgendwann Mitte der 1970er-Jahre bekam er bezüglich seines Dienstfahrzeugs überraschend ein neues Angebot. Das war verwunderlich, denn normalerweise wurden die Autos gefahren, bis sie auseinanderfielen. Vor allem jene, mit denen die Fotografen und Redakteure in den Bezirken unterwegs waren.

Dass mein Mann schon wieder an der Reihe war, erstaunte ihn sehr. Der Fuhrparkleiter lieferte die Begründung gleich mit. Er könne einen fabrikneuen Wartburg bekommen, der eigentlich für den Export nach England bestimmt war, den die Briten aber zusammen mit anderen Autos aus Eisenach nicht abgenommen hatten. Angeblich hätten sie wohl zu lange im

Rostocker Überseehafen gestanden und dort schon Rost angesetzt. Die DDR musste die Autos zurücknehmen. Irgendwer entschied in irgendeinem Ministerium, dass man sie doch auf staatliche Institutionen verteilen könne. Der ADN, also die Nachrichtenagentur der DDR, unterstand dem Ministerrat und bekam einen solchen Wartburg mit dem Lenkrad auf der rechten Seite. Die Ausstattung war deutlich besser als die im normalen Wartburg 353, sogar Knüppelschaltung besaß er.

Im ADN-Fuhrpark in Berlin hielt sich die Freude über den moosgrünen Neuzugang in Grenzen. Oder anders gesagt: Keiner wollte in der Hauptstadt diesen Wagen fahren. Ich weiß nicht, wer die Idee hatte, den Thieme in Karl-Marx-Stadt mal zu fragen. Einer, der mit einem heckgetriebenen Mosi bei Schnee und Eis im Erzgebirge zurechtkam, dem würde vielleicht auch ein Rechtslenker nichts ausmachen.

Ein Anruf in Karl-Marx-Stadt genügte. Mein Mann überlegte keine fünf Minuten, fragte auch mich nicht, da ich ohnehin gerade die meiste Zeit in Leipzig war, und sagte zu. Wenige Tage darauf konnte er sich den »Exportschlager« in Berlin in der Mollstraße abholen. Ich saß bei der Jungfernfahrt über die Autobahn bis nach Karl-Marx-Stadt an seiner Seite. Die Berliner Berufskraftfahrer dort wussten nicht recht, ob sie meinen damaligen Freund bedauern oder beneiden sollten.

Mit einigem Rechercheaufwand fand ich heraus, dass in Eisenach bereits ab 1966 Wartburgs für den englischen Markt mit Linksverkehr gebaut wurden. Dabei dachten wir immer, die gingen nur in unsere Bruderländer: nach Ungarn, Polen, die ČSSR, Bulgarien und Jugoslawien. Zur speziellen Ausführung für England gehörte neben der Knüppelschaltung auch ein Tachometer mit Meilenangabe. Unserer war aber bereits wieder umgerüstet worden auf Kilometer. Der Neupreis soll angeblich 16.950 Mark (Ost) oder 679 britische Pfund betragen haben.

Ich wundere mich bis heute, dass es nie zu einem Unfall gekommen ist.

Mein Mann brauchte nicht lange, bis er sich an das neue Auto gewöhnt hatte. Er spürte auch sofort den Unterschied: Der Motor dieses Zweitakters lief deutlich besser, und der Spritverbrauch war niedriger. Natürlich erntete er oft argwöhnische Blicke, wenn er jemanden überholte und dabei gar nicht auf der Fahrerseite saß. Ich wundere mich bis heute, dass es nie zu einem Unfall gekommen ist.

Am meisten verwirrte das Auto die Polizei. In Stoßzeiten im Berufsverkehr stand zum Beispiel auf der Kreuzung am Heckertplatz, der heute wieder Falkeplatz heißt, ein Polizist und regelte die Fahrzeugströme. Schon damals gab es Pläne für eine Hochstraße, weil Autos die Kreuzung verstopften. Ich beneidete die »weißen Mäuse« nicht, wenn sie dort über Stunden zwischen den Abgasen von Trabis und Wartburgs für Ordnung sorgen mussten.

Einmal winkte einer meinen Mann heraus, schaute sich das Auto argwöhnisch an und wollte die Papiere sehen. Alles hatte seine Ordnung. Mein Mann und der Chef unserer Redaktion luden daraufhin den Presseverantwortlichen der Bezirksbehörde der Volkspolizei in unsere Redaktionsräume in die Hauptpost ein, heute würde man sagen: den Pressesprecher. Er solle doch bitte dafür sorgen, dass die Verkehrspolizisten in Karl-Marx-Stadt informiert werden, dass da einer völlig zu Recht mit einem Rechtslenker unterwegs ist, bat mein Chef.

Wenn ich in den Semesterferien oder an freien Wochenenden für die Redaktion arbeitete, war ich meist Beifahrerin in dem Rechtslenker. Ich selbst besaß kein Auto, nicht einmal ein Fahrrad und auch noch keine Fahrerlaubnis. Besonders auf dem Weg ins Büro, die Zschopauer Straße stadteinwärts bis in den Posthof, bereitete es mir immer besonderen Spaß. Ich saß ja für jeden Uneingeweihten auf der Fahrerseite und blätterte auffällig in einer Zeitung oder las in einem Buch, das ich sichtbar hochhielt. Überholte uns jemand oder kam ein Auto entgegen, schaute ich kurz auf, lächelte und hätte am liebsten gefragt: »Was schauen Sie denn so? Noch nie eine Beifahrerin gesehen?«

Heute weiß ich, dass von 1966 bis 1974 in Eisenach 12.378 Wartburgs 353 für den britischen Markt gebaut und speziell ausgestattet wurden. Danach wurden in Thüringen keine Rechtslenker mehr gefertigt. Denn in England trat bereits 1973 eine neue Abgasnorm in Kraft. Im Jahr darauf wurden die letzten 2278 Wartburgs mit einer Ausnahmegenehmigung auf die Insel verschifft. Vielleicht war das ja der wahre Grund, weshalb wir in Karl-Marx-Stadt zu einem Rechtslenker kamen. Leider besitzen wir kein einziges Foto von unserem ungewöhnlichen Gefährt. Warum und wann mein Mann diesen 353er wieder abgeben musste, wissen wir beide nicht mehr genau. Auf jeden Fall mussten wir dann wieder mit einem normalen Wartburg alle Dienstfahrten erledigen ... Bis zum Ende der DDR.

DEN TOD VOR AUGEN

Dieses Bild ist das einzige, das ich von der Katastrophe besitze.

Wie oft liest oder hört man, dass jemand dem Tod von der Schippe gesprungen ist. Ich bin es wirklich, auch wenn mir das damals, an jenem 30. Oktober 1972, längst nicht so bewusst war wie heute. Wenige Wochen zuvor hatte mein Journalistik-Studium an der Universität Leipzig begonnen. Das Zimmer, das ich während meines vorausgegangenen Volontariats im Karl-Marx-Städter Stadtteil Borna bewohnte, hatte ich gegen einen Internatsplatz im Leipziger Süden getauscht. Die neuen modernen Wohnheime für zehn Mark Monatsmiete waren gerade rechtzeitig zum Semesterbeginn fertig geworden. Der Großteil meiner persönlichen Sachen lagerte allerdings noch im Kinderzimmer der elterlichen Wohnung in Aue. Wenn ich am Wochenende nicht in Leipzig bleiben wollte, fuhr ich also ins Erzgebirge. Mein späterer Mann war zu dieser Zeit zwar schon mit mir zusammen, aber wir hielten die Beziehung noch geheim. Dass wir irgendwann heiraten würden, war gleich gar kein Thema. Wir hatten noch keinen Plan für die Zukunft. Denn für mich hatten das Leben und die große Freiheit ja gerade erst begonnen.

Ich erinnere mich an den 30. Oktober 1972, als läge der Tag nur wenige Wochen zurück. An jenem Morgen bestieg ich in Aue den D-Zug 273, der um 6.05 Uhr nach Leipzig fahren und von dort weiter nach Berlin rollen sollte. Auf dem Bahnsteig traf ich einige ehemalige Mitschülerinnen aus meiner Abi-Klasse, die inzwischen ebenfalls in Leipzig studierten. Wir suchten uns Plätze ganz vorn, im zweiten Wagen, um im Leipziger Hauptbahnhof nahe am Ausgang anzukommen und es bis zum Vorlesungsbeginn um 9 Uhr in die Uni zu schaffen.

In Zwickau wurden allerdings noch vier Doppelstockwagen vorn angedockt, wodurch wir nun im sechsten Waggon saßen. Dieser Umstand rettete mir das Leben.

Etwa 1000 Reisende waren in dem voll besetzten Schnellzug unterwegs. Kurz vor 7.30 Uhr unterbrach ein kreischendes Bremsgeräusch schlagartig jede Unterhaltung. Gepäckstücke rutschten aus den Netzen, Reisende fielen ihrem Gegenüber in die Arme. Sekunden später donnerte etwas auf das Dach des Zuges. Wir scherzten, dass bestimmt jemand versehentlich oder aus Jux die Notbremse gezogen hat. Etwa zehn Minuten blieben wir völlig ahnungslos auf freier Strecke im dichten Nebel ohne jegliche Information. Dann verbreitete sich wie ein Lauffeuer, dass es ein Zugunglück gegeben hat: Unser D-Zug war kurz vor dem Bahnhof Schweinsburg-Culten zwischen Werdau und Crimmitschau mit dem Karola-Express Leipzig–Karlovy Vary zusammengestoßen. Für uns hatte es sich im sechsten Wagen wirklich nur wie eine Notbremsung angefühlt, so sehr hatte sich die Energie des Aufpralls bis zu uns abgebaut. Erst als wir nach einer gefühlten Ewigkeit aufgefordert wurden, auszusteigen und auf einem Trampelpfad entlang der Gleise zum Bahnhof Schweinsburg-Culten zu laufen, passierten wir das Trümmerfeld und hörten erschütternde Schreie aus den zusammengeschobenen, entgleisten vorderen Waggons. Wir ahnten nicht, dass daraus in den nächsten Stunden 25 Tote und über 70 zum Teil schwer Verletzte geborgen würden. Drei erlagen später noch ihren Verletzungen. Auch beide Lokführer waren tot.

Meine größte Sorge war, wie wir jetzt nach Leipzig kommen sollten und dass der Vormittagsunterricht – mit strenger Anwesenheitskontrolle – ohne mich stattfinden musste. Das Studium ging ja gut los!

Wir standen lange im feuchtkalten Herbstnebel, ehe Busse alle Reisenden zu einem Bahnhof brachten und wir wieder in einen Zug umstiegen. Nach dem Mittag traf der schließlich in Leipzig ein. An den wenigen öffentlichen Fernsprechern im Bahnhof hatten sich bereits lange Warteschlagen gebildet. Ich verwarf den Gedanken, mich hier mit einzureihen, um etwa meine Eltern anzurufen. Die würden sich schon nicht sorgen, glaubte ich. An meinen Freund (und späteren Mann) in der ADN-Redaktion in Karl-Marx-Stadt verschwendete ich überhaupt keinen Gedanken. Er war damals noch nicht der wichtigste Mensch in meinem Leben. Heute weiß ich, dass ich in meiner jugendlichen Naivität die Tragweite des Ereignisses zu diesem Zeitpunkt überhaupt nicht erfasst hatte.

Die Uni betrat ich an jenem Tag gar nicht. Die Dozenten würden ja aus der Zeitung erfahren, warum ein Teil der Studenten nicht zum Unterricht erschienen war. Stattdessen nutzte ich den freien Nachmittag zur Vorbereitung von Lehrveranstaltungen dieser Woche. Spätabends, als ich schon im

---

Kurz vor 7.30 Uhr unterbrach ein kreischendes Bremsgeräusch schlagartig jede Unterhaltung.

Bett lag, klopfte es an meine Zimmertür. Ein Student, der an der Pforte Nachtdienst schob, sagte mir, dass ein männlicher Besucher unten auf mich warte, er ihn aber nicht aufs Zimmer lassen dürfe.

Ich ging mit bis zum Eingang des Internats und traute meinen Augen nicht: Da stand der Mann, in den ich mich in den letzten Volontariatswochen in Karl-Marx-Stadt verliebt hatte. Aber statt mich erleichtert in seine Arme zu schließen, hielt er mir eine gehörige Standpauke. Warum ich weder ihn noch meine Eltern in Aue angerufen habe? Ob ich überhaupt eine Vorstellung hätte, in welchen Ängsten er schwebte? Wie in der ADN-Redaktion in Karl-Marx-Stadt die Telefone angesichts des Zugunglücks heiß liefen und wie die Kollegen und Fotografen wegen des Geschehens rotierten? Mein späterer Mann und ein zweiter Fotograf hatten sich die Aufgaben aufgeteilt: Der Kollege hielt die Rettungs- und Bergungsarbeiten am Kollisionsort mit der Kamera fest. Mein Mann klapperte die Krankenhäuser ab. Er sollte Fotos liefern, wie fürsorglich man sich um die Opfer kümmerte. Er fragte überall nach mir. Doch mein Name tauchte nirgends auf. Deshalb hatte er sich in der Nacht auf den Weg nach Leipzig gemacht. Er brauchte Gewissheit.

Als sein Ärger über meine Unbekümmertheit schließlich der Freude über ein gesundes Wiedersehen gewichen war, überhäufte er mich mit Küssen und hielt mich so fest, als wollte er mich nie wieder loslassen. Wir saßen bestimmt noch eine Stunde in seinem Auto, ehe er sich weit nach Mitternacht wieder auf den Weg nach Karl-Marx-Stadt machte und ich mich in mein Zimmer begab.

40 Jahre nach einem der folgenschwersten Eisenbahnunfälle in der DDR begab ich mich im Oktober 2012 noch einmal an die Unglücksstelle. Ich hatte mich dort mit zwei Männern verabredet, die damals zu den ersten Rettern vor Ort gehörten. Ich wollte das, was sie erlebt und was sie und weitere 100

Rettungskräfte geleistet haben, für die Nachwelt in einem größeren Zeitungsbeitrag rekonstruieren. Auf dem Weg zu der Verabredung überkam mich ein mulmiges Gefühl. Warum tat ich mir das an, noch einmal in den schmerzhaften Erinnerungen zu wühlen? Den zwei Männern fiel es sichtbar schwer, über den Einsatz zu sprechen. Der eine war damals 18, der andere 23 Jahre alt. Trotz der vielen Jahre, die inzwischen verstrichen waren, erinnerten sie sich an fast jedes Detail, auch wenn ich ihnen die Sätze regelrecht abringen musste. Sogar daran, dass sie von Stasi-Mitarbeitern an jenem Nachmittag gegen 15 Uhr befehlsmäßig nach Hause geschickt wurden, um zwei Stunden später erneut anzurücken. Da sollten sie dann mit Fackeln und Feuern den Nebel vertreiben, der die Bergungsarbeiten behinderte. Panzer der DDR-Armee, der NVA, zerrten in jener Nacht die Loks und den ganzen Schrott auseinander. Alles wurde an Ort und Stelle zerlegt und abtransportiert. Die Stasi, so erzählten es mir die Retter, war mit einer Schar von Beobachtern angerückt, um das Geschehen zu kontrollieren und dafür zu sorgen, dass ja keine Schaulustigen dem Unglücksort zu nahe kamen. Alle Spuren sollten rasch beseitigt werden. Der Unfall passte nicht zu dem Bild, das man von der DDR vermitteln wollte. Es war klar, dass der Klassenfeind das Ereignis als Schwäche des Systems ausschlachten würde, obwohl die damals eingleisige Strecke schon am nächsten Mittag wieder befahrbar war. Der Unfallursachenbericht der Staatssicherheit vom 27. November 1972 erhielt den Vermerk »Streng geheim«. Er wurde zu DDR-Zeiten nie öffentlich gemacht.

Dort, wo sich an jenem schrecklichen Tag Trümmer der Züge auftürmten, steht seit 2002, dem 30. Jahrestag des Ereignisses, ein Mahnmal in Form von zwei gekreuzten Schienen. Darunter ragt das Rad eines Waggons aus dem Schotter. Eine kleine Tafel erinnert an die Opfer, zu denen auch ich hätte gehören können.

WO SIND DIE MUTTIS?

Mit Stoffturnschuhen und Jeans im August 1974 durch Neuschnee in der Hohen Tatra. Zumindest mein Mann muss wohl etwas alt ausgesehen haben.

Bis heute verreist meine Familie leidenschaftlich gern. Oft werden mein Mann und ich gefragt, warum wir schon wieder unsere Sachen packen, wir hätten es zu Hause doch so schön! In der Tat wohnen wir da, wo viele Chemnitzer vor allem an den Wochenenden Abwechslung und Erholung suchen. Manchmal sind die Wander- und Radwege, die Parkplätze und Gaststätten im nahen Zschopautal zwischen Schloss Lichtenwalde und dem legendären Harrasfelsen so voll, dass wir – oft mit den Rädern – die Flucht ergreifen.

Aber das hat nichts mit dem Fernweh zu tun, das mich regelmäßig überkommt. Das beherrschte mich zum ersten Mal als Kind. Mein Vater, der nie viel über den Zweiten Weltkrieg sprach, hatte uns Töchtern Bilder aus der Kriegsgefangenschaft in Italien gezeigt. Darauf war er bei einem Ausflug auf dem Kraterrand des Vesuvs zu sehen. Italien, Neapel, der qualmende Vulkan ... Das war für mich damals so weit weg wie der Mond. Wenn man dort doch einmal hinkäme! Ich ahnte ja nicht, dass ich Jahrzehnte später genau da selbst stehen und auf Neapel hinab- und in den Krater hineinblicken würde.

Die weiteste Reise mit meinen Eltern führte nach Ungarn an den Balaton. Zwei Tage dauerte die Fahrt mit uns drei Kindern im Škoda. Auch an die Ostsee fuhren wir meist in

Das war für mich damals so weit weg wie der Mond.

zwei Tagesetappen, weil uns Mädchen abwechselnd im Auto schlecht wurde. In jedem Fall waren das für uns immer halbe Weltreisen. Nachdem ich mich nach dem Abitur in fast jeder Beziehung selbständig gemacht und vom Elternhaus abgekoppelt hatte, beherrschte mich das Reisefieber noch mehr. In meinem späteren Mann fand ich den idealen Gleichgesinnten.

Unsere erste Auslandsreise führte im Sommer 1974 mit seinem Trabi in die Hohe Tatra in der Slowakei. Ein Freund hatte uns das Privatquartier in dem kleinen Ort Stola vermittelt, von dem sich ein prächtiger Blick auf die gerade mit Neuschnee bedeckten majestätischen Berge bot. Es war mein erster Kontakt mit einem Hochgebirge, wenn auch mit dem wohl kleinsten der Welt. Nach 48 Stunden Zwangspause wegen Dauerregens, Nebels und Kälte mitten im August brachen wir vergleichsweise schlecht ausgestattet zu unseren geplanten Bergtouren auf. Mit Stoffturnschuhen ging es durch Neuschnee, mittags wurde es so warm, dass man im T-Shirt wandern konnte.

An einem Tag war die Téry-Hütte in 2015 Metern Höhe unser Ziel. Auf halber Strecke überholten wir einen Mann mit drei Kindern, deren Geplapper sofort ihre Herkunft verriet. Es waren Dresdner Urlauber, mit denen wir rasch ins Gespräch kamen und den Weg gemeinsam fortsetzten. Sie kannten Karl-Marx-Stadt recht gut und wussten sogar über einige Bauvorhaben in der Innenstadt Bescheid. Natürlich kamen auch sofort Fragen zum gewaltigen Marx-Monument, das bei seiner Ent-

hüllung knapp drei Jahre zuvor DDR-weit für Schlagzeilen ge-
sorgt und selbst in Dresden vorübergehend alles in den Schat-
ten gestellt hatte. Als mein Mann im Gegenzug berichtete, dass
seine Oma unweit vom Weißen Hirsch in Dresden wohnt und
er dort als Kind oft die Ferien verbracht hat, waren wir schon
fast familiär verbunden.

Schließlich wagten wir zu fragen, warum der Vater mit seinen drei Söhnen allein im Hochgebirge unterwegs war. Die
Antwort überraschte uns dann doch: »Unsere Mutti musste
zuhause bleiben. Sie bekommt gerade unser viertes Kind.« Er
habe den Jungs das versprochene Ferienabenteuer in den Bergen aber dennoch ermöglichen wollen. Deshalb seien sie allein
gereist. Auch seine Frau habe darauf bestanden. Hätte mein
Mann jetzt einen Hut getragen, hätte er ihn bestimmt vor diesem Familienvater gezogen.

Kurz darauf setzte der Dresdner zur Gegenfrage an: »Und
wo habt ihr eure Mutti gelassen?« Mein Mann blieb für einen Moment sprachlos, was in seinem Leben äußerst selten
passiert. »Das ist unsere Mutti«, antwortete er, zeigte dabei
auf mich und fügte geständig hinzu: »Ich weiß, ich sehe auf
Bergtouren immer ziemlich alt aus.«

Der Dresdner Familienvater versank vor Scham fast im
Boden. Er entschuldigte sich mindestens dreimal für die Frage, die uns keineswegs peinlich war. Im Gegenteil. Ich sah mit
meinem, dem gleichnamigen Trickfilm entlehnten Arthur-
der-Engel-Shirt und Pferdeschwanz tatsächlich ein bisschen
kindlich aus. Und der Mann an meiner Seite war nicht nur einen Kopf größer, sondern immerhin elf Jahre älter.

Nur ein einziges Mal wurden wir damals noch für Vater
und Tochter gehalten. Das liegt genauso weit zurück wie das
Erlebnis in der Hohen Tatra. Ab 1978 verreisten wir immer zu
dritt: mit unserem Kind. Ab da gab es dann keine Fragen mehr
zu unseren Familienverhältnissen.

EIN MÖNCH FÄLLT VOM GLAUBEN AB

In der Klosterzelle mit dem Mönch Theofan. Im Bild nicht zu sehen: Ich sitze gegenüber auf seinem Bett.

1975 beschlossen mein späterer Mann und ich, im Sommerurlaub zum ersten Mal auf eine für DDR-Verhältnisse weite Reise zu gehen. In den beiden Jahren zuvor hatten wir zunächst an der Mecklenburger Seenplatte im geborgten Zelt und im Sommer darauf in der Hohen Tatra in einem bescheidenen Ferienzimmer die schönste Zeit des Jahres verbracht. Nun sollte es zum ersten Mal Bulgarien sein – mit dem Trabant: zunächst das Rilagebirge südlich der Hauptstadt Sofia, anschließend die Schwarzmeerküste. Wir hatten uns eine eigene Zeltausrüstung gekauft und alles, was man zum Campen braucht. Mein Mann hatte mit dieser Urlaubsform eigentlich nichts am Hut. Aber ich wusste schon als Kind, dass ich später immer Camper sein würde. Meine Mutter wollte sich das mit drei Kindern nie antun. Ihr waren die Wismut-Ferienheime mit Vollpension lieber. Aber nachdem mich eine mit ihr befreundete Lehrerin nach dem zweiten Schuljahr mit in ein Zeltlager unweit von Hartenstein im Erzgebirge genommen hatte, gab es für mich nichts Romantischeres mehr. Ich war damals so aufgeregt, dass ich die halbe Nacht wachlag, ihren Geschichten und den Rufen eines Käuzchens lauschte.

Nun, wo ich mit 22 Jahren mein eigenes Leben führte, konnte ich endlich in den Ferien vom Leipziger Studentenwohnheim – zumindest auf Zeit – in ein Zelt ziehen. Mein Mann fand das Abenteuer auch einigermaßen aufregend. Zum Glück besaß er einen Trabi Kombi, in dem wir unser umfangreiches Reise-, Wander- und Campinggepäck verstauen konnten. Vor allem gefiel uns, dass wir in Bezug auf die Reiseroute auf niemanden Rücksicht nehmen mussten. Wettermäßig waren wir in Bulgarien vermutlich ohnehin auf der sicheren Seite.

Im Rilagebirge gefiel es uns so gut, dass wir den Aufenthalt dort jeden Tag verlängerten. Die Wanderkarten waren zwar ungenau, aber die Wege selbst in Ordnung. Nur für unsere Kondition hätten wir vorab mehr tun müssen. Der mehrstündige Aufstieg auf den höchsten Gipfel im Rila, den 2729 Meter hohen Maljowiza, verlangte uns alles ab. Als sich uns von oben allerdings der Traumblick auf die Südseite des Gebirges, auf das damals schon berühmte Rila-Kloster 1600 Höhenmeter unter uns bot, waren alle Mühen vergessen.

Am Tag darauf fuhren wir um das Gebirge herum zum Kloster. Es war damals noch nicht Weltkulturerbe der Unesco. Wahrscheinlich waren deshalb selbst im Ferienmonat August

Ehe wir uns versahen, hatte Theofan eine Schachtel Pralinen und drei Weingläser vor uns auf den Schreibtisch gestellt und mir einen Sitzplatz auf seinem Bett angeboten.

hier nur wenige Touristen unterwegs. Die Bulgaren zog es ohnehin im Sommer eher ans Meer als in die Berge. Alles, was man in der im 10. Jahrhundert gegründeten größten Klosteranlage des Landes nach deren Wiederaufbau im 19. Jahrhundert besichtigen konnte, schauten wir uns an. Schließlich gab es in der DDR nichts Vergleichbares.

Ich weiß nicht, wie viele Mönche damals im Kloster lebten. In jedem Fall liefen uns etliche, vor allem ältere vollbärtige Glaubensbrüder über den Weg, die sich sogar fotografieren ließen. Mein Mann hatte sich in den Kopf gesetzt, das Klosterleben in einer Fotoreportage über Bulgarien einzufangen. Er nahm sich viel Zeit, und ich freute mich, als ein junger, gut aussehender Mönch auf mich zukam. Er begrüßte uns überraschenderweise auf Russisch. Ich erklärte ihm, dass wir aus dem Süden der DDR, aus Karl-Marx-Stadt kommen, und war verblüfft, dass er mit dieser Stadt etwas anfangen konnte.

Er hieß Theofan und lud uns in seine Klosterzelle ein. Ich hätte nie gedacht, dass so etwas möglich ist. Der Raum besaß ein vergleichsweise großes, blumengeschmücktes Fenster, ein Bett, einen Schreibtisch und einen Stuhl davor. Eine Zimmerecke war mit Ikonen und Heiligenbildern geschmückt. An den Wänden hingen Postkarten. Auf dem Schreibtisch stand ein Kassettenrekorder. Ehe wir uns versahen, hatte Theofan eine Schachtel Pralinen und drei Weingläser vor uns auf den Schreibtisch gestellt und mir einen Sitzplatz auf seinem Bett angeboten. Das würde mir zuhause niemand glauben, dass ich bei einem Mönch auf dem Bett saß und mit ihm Wein trank! Wie hieß es doch immer: Sie predigen öffentlich Wasser und trinken heimlich Wein.

Theofan berichtete, dass er in Moskau studiert hatte und deshalb Russisch sprach. Ich erzählte ihm von meinem Journalistik-Studium in Leipzig und dass ich dort einen Russisch-Intensivkurs belegte. Mein Mann hatte ein wenig das Nachsehen. Außer ein paar Vokabeln, wie Dostoprimetschatjelnosti (Sehenswürdigkeiten), war bei ihm vom Schulrussisch nichts hängengeblieben. Ich erzählte Theofan, dass er als Fotograf hier in Bulgarien und speziell im Kloster für seine Diplomarbeit an der Hochschule für Grafik und Buchkunst in Leipzig auf Motivsuche ist.

Wir saßen bestimmt eine Stunde zusammen, tauschten dann unsere Adressen aus und versprachen ihm, von einigen Fotos Abzüge ins Kloster zu schicken.

Zuhause dauerte es nicht lange, bis ich Post aus dem Rilagebirge bekam. Theofan schrieb mir mehrfach. Immer auch mit Grüßen an meinen »Freund«, der von dem Briefwechsel allerdings nicht sonderlich erbaut war. Er versicherte mir zwar, dass er nicht eifersüchtig sei, aber ich wusste: Er war es, zumindest ein bisschen. Viele von Theofans Fragen drehten sich um unserer Leben in der DDR.

Eines Tages traf wieder ein Brief von ihm ein, bei dem meinem Mann allerdings das Gesicht einschlief. Theofan schrieb, dass er uns in Karl-Marx-Stadt besuchen wolle. Zugleich ließ er anklingen, dass er möglicherweise das Kloster für immer verlassen wird und ob wir ihm eine Wohnung und Arbeit in Karl-Marx-Stadt besorgen könnten. Wir waren fassungslos. In unserer 20-Quadratmeter-Einraumwohnung, in der auch ich nur illegale Untermieterin war, konnten wir ihn nicht mal für eine Nacht aufnehmen. Ihn den Kollegen vom Fremdsprachendienst »Intertext« für Dolmetscherdienste zu empfehlen, war auch kaum eine Option. Was wussten wir denn von Theofan? Im Grund genommen nichts. Mir hing noch immer der leicht muffige Geruch seiner schwarzen Kutte in der Nase.

Nach dem Jahreswechsel besuchte uns ein befreundetes Ehepaar, das damals mit zwei Kindern auf dem Kaßberg wohnte. Die Familie hatte die Sommerferien ebenfalls in Bulgarien verbracht und mit Einheimischen auf dem Campingplatz nichts ahnend die Adressen getauscht. Als es am Heiligabend an ihrer Karl-Marx-Städter Wohnung klingelte, traf unsere Freunde fast der Schlag: Eine bulgarische Großfamilie stand unangemeldet vor der Tür, um mit ihnen Weihnachten zu feiern.

Ich kann mich nicht erinnern, dass mein Mann mir jemals etwas verboten hätte. Nur mit Theofan musste ich jeglichen Kontakt abbrechen. In den Jahren bis 1989 haben wir zehnmal Bulgarien mit dem Auto bereist. Das Rila-Kloster haben wir nie wieder betreten.

WETTLAUF MIT MARX UND HONNI

Während ich in der Frauenklinik um mein Baby bangte, versammelten sich am Marx-Monument 180.000 Bürger anlässlich des 160. Geburtstages des Philosophen. Mein Mann als Fotograf mitten unter ihnen.

Wie vieles in der DDR war auch die Geburt unseres Kindes gut geplant. Ich wollte es auf keinen Fall schon während des Studiums in Leipzig zur Welt bringen, obwohl die Bedingungen in unserem modernen Wohnheim mit Extrazimmern für Mutter und Kind gar nicht so schlecht waren. Ich wollte aber auch nicht zu den alten Müttern gehören, was man damals mit 30 schon war. Also planten wir, dass das Kind knapp zwei Jahre nach meinem Berufseinstieg als Journalistin unsere kleine Familie bereichern sollte. Ich wurde im Sommer 1977, kurz vor unserer Hochzeit, schwanger. Mein Frauenarzt errechnete als Geburtstermin den 28. April 1978, kurz nach meinem 25. Geburtstag.

Die Schwangerschaft bekam mir wie eine Kur. Ich hatte keinerlei Beschwerden. Mir wurde nie schlecht. Ich arbeitete bis sechs Wochen vor dem Termin jeden Tag acht Stunden, ohne dass mir der Job zu viel wurde. Ich fuhr bis zuletzt Auto, obwohl ich mit dem dicken Bauch kaum noch hinter das Lenkrad unseres privaten Ladas passte. Als ich in diesem Zustand in Limbach-Oberfrohna auf der Fahrt zu einem Reifenhändler vor den Augen eines Polizisten einem Motorradfahrer die Vorfahrt nahm, staunte der Uniformierte nicht schlecht, während ich ausstieg. Es war zum Glück nichts passiert. Er zeigte auf meinen Bauch, während ich mich sofort reumütig gab. »Sie sollten hochschwanger nicht mehr selbst fahren, denken Sie doch mal an des kleine Wesen da drin«, appellierte er an mein Gewissen und fragte auch gleich, wann es denn so weit sei. »In etwa vier Wochen«, gestand ich. Ich musste kein Bußgeld bezahlen und bekam auch keine Stempel in die Papiere. Glück gehabt! Der Biker war längst außer Sichtweite.

Der 28. April verstrich, doch außer ein paar Tritten passierte in meinem Bauch nichts. Auch in den nächsten Tagen nicht. Freunde und Kollegen waren sich nun einig, dass es ein Mädchen werden würde. Das Geschlecht ließ sich zu jener Zeit vorher nicht bestimmen, zumindest war es nicht üblich. »Mädchen brauchen immer etwas länger, die machen sich erst noch schön!«, wussten alle unisono. Schließlich entschied mein Arzt, dass die Geburt am 4. Mai eingeleitet werden sollte, wenn bis dahin keine Wehen einsetzen würden. Nichts passierte. Mein Mann fuhr mich an diesem Tag in die renommierte Frauenklinik, weit und breit die erste Adresse für Entbindungen – 1918 vom letzten sächsischen König eröffnet.

Ich war ziemlich erleichtert, nachdem er mich dort abgeliefert hatte. Männer durften damals bei Geburten nicht dabei sein. Ich glaube, meiner hätte das auch nicht durchgestanden, obwohl er ansonsten immer den starken Kerl gab. Für ihn als Agenturfotografen sollten die nächsten zwei Tage ohnehin die turbulentesten des ganzen Jahres werden, zumindest beruflich. Denn: DDR-Staats- und -Parteichef Erich Honecker wollte in seinen Wahlkreis Karl-Marx-Stadt kommen, anlässlich des 160. Geburtstages jenes Mannes, dessen Namen die Stadt seit 1953 trug. Ich glaube, mein Mann war ausnahmsweise froh über diesen Staatsbesuch, der ihm viel Hektik, aber eben auch reichlich Ablenkung bringen würde. Unsere ADN-Kollegen hatten inzwischen gewettet, dass mein Kind sowieso erst am 5. Mai geboren wird, am Geburtstag von Karl Marx. Das wollte ich verhindern. Nicht weil ich was gegen Marx hatte, sondern weil andere mir nicht den Termin vorgeben sollten.

Im Kreißsaal ging es zu wie in einem Taubenschlag. Damals kamen in der Klinik zwischen 3000 und 4000 Mädchen und Jungen pro Jahr zur Welt. Trotz der eingeleiteten Wehen machte unser Kind einfach keine Anstalten. Mein Mann rief an diesem Tag einige Mal an, da war das Besuchsprogramm von Honni noch überschaubar. Er wurde von der Klinik immer wieder vertröstet, dass es noch nicht so weit sei. Gegen 22 Uhr sagte man ihm, er solle sich erst am nächsten Morgen wieder melden. Seine Nerven lagen blank, denn am Folgetag würde Staatschef Honecker ihn garantiert voll vereinnahmen.

Mir sagten die Ärzte gegen 23 Uhr, dass man angesichts der schwächer werdenden Herztöne des Kindes einen Kaiserschnitt vornehmen müsse. Zu diesem Zeitpunkt war mir eigentlich alles egal, die Hauptsache das Kind kam endlich gesund zur Welt. Das passierte schließlich genau um null Uhr. Aber welcher Tag gilt dann als Geburtstag? »Das dürfen Sie entscheiden, ob Ihnen der 4. oder der 5. Mai lieber ist«, sagte mir die Hebamme. Schon damit meine Kollegen nicht recht behalten sollten, entschied ich mich für den 4. Mai. Außerdem wollte ich an diesem Tag nicht umsonst 15 Stunden mit den Wehen gekämpft haben.

Wie ein elektrischer Schlag traf meinen Mann an jenem Morgen die telefonische Auskunft: »Wir mussten bei Ihrer Frau einen Kaiserschnitt vornehmen.« Daraufhin entfuhr ihm nur ein: »Ach, du Scheiße!« Als er nach Details fragte, sagte die Schwester: »Dazu darf ich Ihnen nichts sagen!« Nicht nur bei meinem Mann saß der Schock tief. Er wusste, dass er an diesem Tag keine Zeit finden würde, in die Klinik zu kommen. Er musste jede Besuchsstation Honeckers mit der Kamera dokumentieren – auch wenn solche Bilder die Welt nicht wirklich interessierten. Am Nachmittag gab es dann auch noch eine

Großkundgebung am Marx-Monument mit 180.000 Bürgern, am Abend einen Empfang für 500 verdienstvolle Werktätige.

Ich glaube meinem Mann, dass er an diesem Tag wahrhaft gelitten hat. Doch auch ich war panisch. Alle Mütter um mich herum hatten am Handgelenk ein Bändchen, eine Art Kenncode für ihr Kind, nur ich nicht. Ich erfuhr, dass mein Sohn nach der Entbindung nicht geatmet hatte, vermutlich durch die Vollnarkose, die mir verabreicht worden war. Der Junge wurde deshalb blitzschnell in die Obhut von Spezialisten in die angrenzende Säuglingsklinik gebracht. Sehen durfte ich ihn nicht, eine ganze Woche lang.

Die normal Gebärenden lagen in Sechs-Bett-Zimmern, die Kaiserschnitte in Zimmern zu dritt. Meine beiden Leidensgefährtinnen bekamen ihre Babys stundenweise ins Bett, nur ich hatte kein Kind. Lediglich seinen Namen durfte ich ihm am zweiten Tag geben, ohne den Kleinen gesehen zu haben. Die Tage in der Klinik wurden zur Qual. Auch der Blick aus dem Fenster. Während bis zum 5. Mai schon beinahe frühsommerliche Temperaturen geherrscht hatten, schlugen nun die Eisheiligen zu. Die Obstbäume und die Wiesen im Außengelände der Klinik waren in dickes Weiß gehüllt, als wäre um mich herum nicht alles schon schlimm genug.

Nach acht Tagen durften mein Mann und ich zum ersten Mal die Säuglingsklinik betreten. Der Oberarzt hielt hinter einer Glasscheibe einen gesunden Jungen hoch und meinte: »Der ist so groß und kräftig, dass wir für ihn gar keinen passenden Strampler hatten.« Dass er Rosa trug, war uns in diesem Moment egal. Fortan bekam ich den Kleinen jeden Tag kurzzeitig ans Bett. Elf Tage nach der Entbindung durften wir zusammen die Klinik verlassen. Auf dem Weg zum Auto schrie das Baby, was seine kleine Lunge hergab. Erst als mein Mann den Motor startete und losfuhr, verstummte es. An jeder Ampel wiederholte sich das Theater. Geschrei bei Rot, Schlum-

44

Geschrei bei Rot,
Schlummern während der Fahrt.

mern während der Fahrt. Mein Mann, ein leidenschaftlicher Autofahrer, gab seinen Kommentar: »Nun bin ich ganz sicher, dass der Junge von mir ist.«

In die Säuglingsklinik, die sich zunehmend auf extrem Frühgeborene spezialisierte, führte mich Jahre später noch einmal mein Beruf. Der damalige Chefarzt Dr. Müller, eine in der DDR anerkannte Koryphäe auf dem Gebiet der Neonatologie, befasste sich nicht nur mit Frühchen ab 500 Gramm Geburtsgewicht, sondern nebenbei mit einem in Spiritus aufbewahrten Exponat aus dem Naturalienkabinett Waldenburg: dem sogenannten Hühnermenschen. Das war ein Fötus mit einer ungewöhnlichen Fehlbildung, der 1735 in Taucha bei Leipzig tot zur Welt gekommen war. Zwei Jahre später veröffentlichte der Leipziger Arzt Gottlieb Friderici nach der Obduktion des Fötus einen Bericht und gab das Präparat in die Raritätensammlung der Leipziger Apothekerfamilie Linck. Von dort gelangte es 1840 nach Waldenburg. Dr. Müller wiederum lieh es sich aus und forschte zu den Ursachen der weltweit einmaligen Fehlbildung. Ich machte mit meinem Bericht für die DDR-Tageszeitungen damals sogar das Magazin »Der Spiegel« auf ihn aufmerksam, das mich als Quelle für seinen Beitrag nicht nannte. Trotzdem habe ich die Zeitschrift heute abonniert.

IM PILZRAUSCH

Unser Sohn teilte schon als Kind unsere Leidenschaft fürs Pilzesuchen. Diesen Fund machte er in den 1980er-Jahren im Norden von Brandenburg unweit vom Stechlinsee.

Soweit ich mich erinnern kann, faszinieren mich Pilze, ich meine essbare Waldpilze. Mein Vater hat diese Leidenschaft wohl in uns Kindern geweckt, denn jeden Herbst ging oder fuhr er an den Wochenenden mit uns in die Pilze. Unser Lieblingsrevier waren die dichten Fichtenwälder rund um Tellerhäuser unweit des Fichtelbergs, entlang der Grenze zur damaligen ČSSR. Da waren nie viele Sammler unterwegs, und so kamen wir immer mit vollen Körben zurück. Die Freude meiner Mutter hielt sich manchmal in Grenzen. Denn sie musste die Früchte des Waldes putzen.

Als ich mit meinem späteren Mann zum ersten Mal frisch verliebt ein Wochenende in Thüringen verbrachte, schlug ich vor, dass wir für das Abendessen doch Pilze sammeln könnten. Seine Kenntnisse waren zwar bescheiden, aber immerhin vertraute er mir. Meine Leidenschaft für Krimis war damals auch noch nicht so ausgeprägt wie heute. Als ich die Pilze in einer großen Pfanne zubereitete, gab es den ersten handfesten Krach in unserer Beziehung. Er endete damit, dass ich die gesamte Mahlzeit unter Tränen ins Klo spülte. Nicht etwa, weil giftige Exemplare hätten darunter sein können, sondern weil ich sie in Butter gebraten hatte – wie ich das von zu Hause kannte. Ich wusste nicht, dass mein Mann keine Butter isst, bis heute nicht, weder als Streichfett auf das Sonntagsbrötchen und gleich gar nicht als Bratfett im Essen. Nachdem ich mich von dem Anschiss erholt hatte und er mich versöhnlich in den Arm nahm, gingen wir an jenem Abend in einem Dorfgasthof essen. Seither brate ich Pilze in Öl und weiß, dass man in einer Partnerschaft Kompromisse eingehen muss.

Ein ebenso nachhaltiges Pilzerlebnis hatten wir in unserem ersten gemeinsamen Campingurlaub in Bulgarien im Spätsommer 1975. Eher zufällig entdeckte ich bei einem Ausflug ins Hinterland der südlichen Schwarzmeerküste in einem Eichenwald einen großen kerngesunden Pilz, der unserem Steinpilz sehr nahe kam. Nur der Hut hatte eine andere, ziemlich fleckige Farbe. Das machte mich dann doch stutzig. Wir liefen weiter in den Wald hinein und trauten unseren Augen nicht. Aus dem Laub vom vergangenen Winter ragten in allen Größen solche Pilze heraus. Sie standen da, als hätte sie jemand gesät oder gepflanzt. Kaum einer war wurmig. Die konnten wir nicht stehen lassen!

Ich erinnerte mich daran, dass mir ein Pilzexperte aus Rodewisch einmal gesagt hatte, man könne an keinem Röhrenfutterpilz sterben, nicht einmal am Satansröhrling. Also sackten wir kurzerhand alle Schwamme, wie man in meiner Heimat sagt, in einen großen Stoffbeutel. Es waren bestimmt drei bis vier Kilo, die auch für unsere Campingnachbarn gereicht hätten. Auf dem Weg zum Auto lief uns eine Bäuerin über den Weg. Wir beschlossen, sie zur Sicherheit zu fragen, ob das in unserem Beutel essbare Pilze seien. Mit meinen Russischkenntnissen kam ich zwar in Bulgarien recht gut zurecht, aber für Fachgespräche reichte es dann doch nicht. Die Frau nahm einige Exemplare in die Hand, schaute sie von allen Seiten an und schüttelte dann den Kopf.

Nun war guter Rat teuer. Denn Kopfschütteln bedeutete im Bulgarien »Ja«, Nicken wiederum »Nein«. Blöd war nur, dass manche Bulgaren, wenn sie merkten, dass wir Deutsche sind, unsere Gepflogenheiten übernahmen. Aber wie war das nun bei dieser alten Bäuerin? Wir hatten keine Erklärung. Ein Stück weiter trafen wir auf einen Mann, der gerade Pfirsiche erntete. Auch ihm hielten wir unseren Beutel unter die Nase und fragten, ob man die essen könne. Er quatschte los, als wäre er auf Landsleute getroffen, lachte, und merkte erst ziemlich spät, dass wir ihm nicht folgen konnten. Da legte er plötzlich seine Hände wie zum Gebet zusammen und schob sie unter den zur Seite geneigten Kopf. Hieß das nun, wir könnten beruhigt schlafen? Oder wollte er uns damit sagen, dass wir für immer einschlafen werden? Da verließen uns Mut und Zuversicht. Wir kippten den gesamten Fund in den Wald.

Zuhause fand ich in unseren Pilzbüchern eine Erklärung. Ganz offensichtlich hatten wir den in den Balkanländern vorkommenden Eichensteinpilz entdeckt. Die Beschreibung passte hundertprozentig.

Zwei Jahre später campten wir in Bulgarien wieder in dieser Gegend neben einem tschechischen Biologen. Er erklärte uns, dass wir seinerzeit auf einen kulinarischen Genuss verzichtet hatten.

Wenn wir zuhause zwischen Chemnitz und dem Erzgebirge wandern, habe ich immer ein Pilzmesser und einen Stoffbeutel im Rucksack. Man weiß ja nie. Aber oft reicht es nur für ein Abendbrot oder eine Beilage. Auch in unserer ADN-Redaktion Karl-Marx-Stadt war unsere Sammelleidenschaft öfter Gesprächsthema. Einmal sagte mein Mann: »Ich möchte zu gern in der Gegend um Bronkow und Freienhufen an der Berlin-Autobahn in die Pilze gehen. Dort muss es solche Massen geben, dass Sammler sie sogar an den Auf- und Abfahrten verkaufen.« Unser Chef, der Leiter des ADN-Bezirksbüros, spitzte die Ohren. Mir war klar, warum. Für ihn gab es nichts Schöneres, als gut zu essen. Pilze standen dabei ganz obenan. Nur selbst sammeln war nicht sein Ding. Weihnachten schenkte er uns jedes Jahr eine Schüssel selbstgemachter Sülze im Tausch gegen eine Portion gefrosteter Mischpilze.

Nun kam ihm eine Idee. »Was haltet ihr davon, wenn ich euch einen ganzen Tag freigebe? Ihr fahrt an die Berlin-Autobahn und sammelt dort für die Redaktion Pilze.« Mein Mann und ich mussten keine Minute überlegen. Wir fanden den Vorschlag genial. Und irgendwie wäre das ja auch eine kollektivbildende Maßnahme, fanden wir.

Wir fuhren an einem trüben, kühlen Herbsttag los: mit mehren Körben, einem Eimer und der Kinderbadewanne unseres Sohnes im Kofferraum. In Bronkow ging es runter von der Autobahn, an den Waldwegen stand kein einziges Fahrzeug. Eisenbahngleise dienten uns zur Orientierung in dieser menschenleeren Gegend. Wir liefen hoffnungsvoll los, das Biotop stimmte, hier würden wir garantiert Maronen finden. Doch da waren wir ganz schön auf dem Holzweg. Wir liefen immer weiter in den Kiefernwald hinein, aber nicht mal ein Korb wurde voll. Wir sahen schon die enttäuschten Gesichter des Chefs und der Kollegen vor uns und beschlossen deshalb, die Richtung zu ändern, selbst auf die Gefahr hin, dass wir unser Auto nicht mehr finden würden. Und da geschah das Wunder: vor uns ein Teppich voller ganz frischer Maronen in einer endlosen Kiefernschonung. Alle hatten etwa die gleiche Größe, kein Pilz war von Maden durchsetzt. Wir knieten nieder und mussten nur noch schneiden. Wenn ich aufblickte, sah ich schon den nächsten »Tümpel«. Ruckzuck waren unsere Körbe voll. Wir liefen zurück zum Auto, kippten die Ernte in die Kinderbadewanne und zogen wieder los. Nach weniger als einer Stunde wiederholten wir das Ganze.

Als die Wanne, der Eimer und unsere Körbe gefüllt waren, beschlossen wir, abzubrechen. Auf der Rückfahrt klemmte ich den Eimer zwischen meine Beine und begann zumindest die Pilze zu putzen, die wir verspeisen und einfrieren würden.

Weihnachten schenkte er uns jedes Jahr eine Schüssel selbstgemachter Sülze im Tausch gegen eine Portion gefrosteter Mischpilze.

Am nächsten Morgen schleppten wir unsere Ernte in die Redaktion: vom Parkplatz im Posthof, der heute wieder Johannisplatz heißt, bis in die siebte Etage der Hauptpost mitten im Zentrum von Karl-Marx-Stadt. Nicht einmal über meinen besten Artikel hat sich mein Chef so gefreut wie über unsere Pilzkörbe.

Leider ging er einige Zeit später in den Ruhestand. Ich wurde stellvertretende Redaktionsleiterin. In der Position wagte ich nicht mehr, mir und meinem Mann einen freien Tag zu genehmigen, um für alle Pilze zu sammeln.

KAKERLAKEN
IN DER HAUPTPOST

Die Hauptpost an der Straße der Nationen bei ihrer Eröffnung im Oktober 1967. Sie wurde drei Monate vorfristig fertiggestellt.

Als ich im September 1976 als frischgebackene Journalistin zum ersten Mal mein Arbeitszimmer im ADN-Bezirksbüro in der Hauptpost von Karl-Marx-Stadt betrat, fühlte ich mich angekommen. Die modernen Räume mit den klapprigen Schreibmaschinen und den schrankgroßen Fernschreibgeräten waren mir bereits seit meinem Volontariat und durch Praktika während des Studiums vertraut, ebenso die meisten Kollegen. Aber dieser Start ins Berufsleben war schon noch mal eine andere Nummer. Von meinem Büro im siebten, dem obersten Stockwerk der Hauptpost, hatte ich einen tollen Blick auf das Baugeschehen in der Innenstadt. Mir kam es damals vor, als würde jeden Monat ein weiterer Bauplatz fertig. Interhotel »Kongress«, Stadthalle, Marx-Monument: Das alles stand schon.

Das ADN-Büro war in die Hauptpost eingezogen, als für mich gerade das neunte Schuljahr in Schneeberg begonnen hatte. Die Umzugsarie von der Kochstraße in die Straße der Nationen kenne ich daher nur aus den späteren Schilderungen meines Mannes, der als Fotograf zum ADN-Team gehörte. Am Vorabend des 18. Jahrestages der DDR, am 6. Oktober 1967, war im Zuge der Neubebauung der Straße der Nationen das Hauptpostamt feierlich eröffnet worden – drei Monate früher als geplant. In die siebte Etage zogen damals neben dem ADN auch zwei Kollegen der »Aktuellen Kamera« vom DDR-Fernsehen ein. Die DDR-Blockpartei LDPD, also die Spitze der Liberalen, hatte hier ebenfalls Büros. Das Gros der Räume im obersten Stockwerk belegte allerdings der Fremdsprachendienst Intertext.

In den zwei Etagen darunter befanden sich die Büros der Karl-Marx-Städter Architekten und ihrer Mitarbeiterinnen. In den anderen Geschossen arbeiteten Postangestellte. Für die Pausen- und Mittagsversorgung gab es im Posthof, der heute wieder Johannisplatz heißt, einen Anbau, den wir Fresswürfel nannten. Das war nicht abwertend gemeint, sondern bezog sich eher auf die Massen von Leuten, die hier durch eine Großküche mittags abgefertigt wurden. Vor allem im Sommer konnten meine Kollegen, deren Bürofenster nach Süden zur Posthofseite zeigten, schon früh erschnuppern, was mittags auf die Teller kam. Alles war durchorganisiert.

Doch die moderne Post zeigte bald auch ihre Schattenseiten. Nicht nur, dass es im Sommer in den Räumen im obersten Geschoss brütend heiß wurde und dass mit den Jahren immer mal der Fahrstuhl ausfiel. Schlimmer empfanden wir unsere tierischen Mitbewohner, die sich in rasantem Tempo vermehrten.

Ich hatte bis dahin noch nie etwas von Kakerlaken gehört. Ich weiß auch nicht mehr, wann die ersten auftauchten. Doch ab den 1980er-Jahren waren sie immer da. Dass sie sich in der Hauptpost einnisteten, hing wohl mit dem Fresswürfel oder genauer gesagt der Großküche zusammen. In der feuchten Wärme fühlten sich die Küchenschaben wohl. Und sie wurden übergriffig. Über die Rohrschächte, die die Waschräume und Toiletten jeder Etage miteinander verbanden, gelangten die Krabbler bis zu uns in das höchste Stockwerk. Wenn jemand bei Dunkelheit die Toilette betrat und das Licht einschaltete, krabbelten sie in Scharen aufgescheucht davon. Wohin auch immer. Es war gruselig.

Eine unserer Putzfrauen hieß Loni. Sie stammte aus dem Norden und kam jede Woche, um die Büros zu säubern. Auf Kakerlakenjagd ging sie nicht. Sie meinte, mit denen müssten wir leben. Als alleinerziehende Mutter hatte sie ohnehin andere Sorgen als unsere Küchenschaben, die ihr angeblich nie über den Weg liefen. Wenn sie ihre Arbeit für eine Frühstückspause unterbrach, wussten wir, dass schon bald ihr Lieblingssatz folgen würde: »Die denken, mit 'ner alleinstehenden Frau könn'ses machen.« Was folgte, waren Berichte von Auseinandersetzungen mit der Schule ihrer Kinder oder diversen Behörden. Dagegen waren unsere Kakerlaken doch Peanuts, meinte sie.

Meinem Mann tat Loni leid. Als sie stolz erzählte, dass sie in eine Neubauwohnung ins Heckertgebiet umziehen werde, aber nicht mal einen Mann als Hilfe habe, erklärte sich mein Bester bereit, ihr mit seinem Wartburg den zerbrechlichen Kleinkram zu transportieren. Ihr Vertrauen in die Umzugsfirma hielt sich in Grenzen. Wir wissen bis heute nicht, was Loni

---

Vor allem im Sommer konnten meine Kollegen, deren Bürofenster nach Süden zur Posthofseite zeigten, schon früh erschnuppern, was mittags auf die Teller kam.

---

für ein Fahrzeug erwartet hatte, als sie mit meinem Mann den Umzugstermin vereinbarte. Als er jedenfalls an ihrer Haustür vorfuhr, stand der halbe Hausrat auf der Straße. Noch über Jahre hinweg kamen uns bei späteren Betriebsfeiern die Tränen, wenn mein Mann erzählte, wie er mit einer Stehlampe im Nacken und Kochtöpfen zwischen den Beinen für die korpulente Loni an seiner Seite den Umzug fuhr.

Irgendwann kam sie nicht mehr zum Putzen. Ein Mann namens Stefan löste sie ab. Stefan war eine Frohnatur. Und er war ziemlich gründlich. Wenn er Wischlappen und Schrubber schwang, sang er dazu: Arien, Schlager, Operettenmelodien. Franz Lehárs »Gern hab ich die Frau'n geküsst« gehörte jede Woche zum Repertoire. Doch auch Stefan bekam unsere Kakerlaken nicht in den Griff. Für ihn stand fest, dass ein Kammerjäger hermusste.

Der fand sich dann auch. Helmar Bauer rückte an, der Vorsitzende der PGH Schädlingsbekämpfung. Mein Mann unterstützte ihn nach Kräften, indem er von einer Reportagereise durch China 1984 eine Kakerlakenfalle mitbrachte. Ein fünf Zentimeter großes Tier in seiner Hotel-Badewanne in Shanghai brachte ihn auf die Idee. Die Falle von der Größe eines Briefkuverts bestand aus Pappe und ließ sich aufstellen wie jene Papierhüte, die wir als Kinder gebastelt haben. Die Oberfläche enthielt einen klebrigen Duftstoff. Mein Mann platzierte das Teil nach Dienstschluss in der Damentoilette im 7. Stock der Hauptpost. Am nächsten Morgen trauten wir unseren Augen nicht. Vor lauter angeklebten Küchenschaben war von der Pappe nichts mehr zu sehen. Leider hatte mein Mann nur diese eine Falle gekauft.

Nun also gab Helmar Bauer sein Bestes: an vielen Wochenenden, wenn die Büros und Toilettenräume der Hauptpost leer waren. Für uns war dann bis Montagmorgen das Betreten des Hauses verboten. Immer wieder kam er auch unter der Woche, um sich nach dem Stand der Dinge zu erkundigen. Wir wurden die Viecher nicht los, aber gefühlt wurden es weniger. Einmal lud der Schädlingsexperte meinen Mann, unseren Sohn und mich privat zu sich nach Scharfenstein ein. Sein Häuschen lag am Stülpnerweg nahe der Burg, die damals als DDR-Jugendwerkhof für Schwererziehbare noch ein Schattendasein führte. Begrüßt wurden wir von einem Braunbären, den sich die Bauers auf ihrem Grundstück hielten und der gerade versuchte, eine Stützmauer einzureißen. Doch damit nicht genug der »Haustiere«. Auch drei Waschbären, 40 Tauben, eine Perserkatze und zwei Boxer – Bora und Bessi – begrüßten uns. Unser Sohn schwankte zwischen Mut, Neugier und Angst. Über Schädlinge, wie Schaben, sprachen wir in diesem Umfeld nicht mehr.

Hauptmieter im Postgebäude wurden nach der Wiedervereinigung das Sozialgericht Chemnitz und das Finanzamt Chemnitz-Mitte. Der Fresswürfel wurde im Zuge einer grundhaften Sanierung des Hauses nach der Wende abgerissen. Ich glaube, damit hatte sich dann auch das Kakerlakenproblem erledigt. Zumindest ist mir nie wieder eine unter die Augen gekommen, wenn ich bei Verhandlungen im Sozialgericht war.

HANDSCHUHRAUB
AM AUERSBERG

Winterzeit – schönste Zeit im Erzgebirge. Aber der Frost hat auch seine Tücken.

Kurz vor Weihnachten 2011 schenkte mir ein Meteorologe vom Deutschen Wetterdienst aus Halle sein gerade erschienenes Buch über Bauernregeln und ihre Trefferquoten. Ich hatte ihn in den Jahren zuvor oft kontaktiert, wenn es um Zeitungsbeiträge zu Wetter und Vegetation ging. Immer hatte er auch alte Bauernregeln parat. Die Beschäftigung mit ihnen war sein Hobby. Nun stand sein Buch also bei mir im Bücherregal. Im Vorwort hatte der Autor angemerkt, dass Bauernregeln zum ältesten Wissen der Menschheit gehören und bis heute durchaus ihre Berechtigung haben. Er hatte auch zu ihren Trefferquoten recherchiert, die mich ziemlich überraschten.

Nun neigte sich der März 2013 bereits dem Ende zu, nicht aber dieser Winter. Seit geschlagenen drei Monaten hatte kaum ein Sonnenstrahl die Erde, geschweige denn unsere Herzen erreicht. Eigentlich liebe ich als Kind des Erzgebirges den Winter – bis heute –, aber nicht mehr Ende März. Da will ich mich an Schneeglöckchen und Winterlingen erfreuen, durch sieben Hektar Krokuswiesen in Drebach bummeln und nicht immer noch die dicksten Winterklamotten tragen müssen.

Ist der ständig prophezeite Klimawandel doch nicht so bedrohlich, wie alle behaupten?, fragt man sich in solchen

Zeiten. Ich erinnerte mich daran, wie ich 1999 bereits im Februar Gartenarbeiten vor unserem Haus erledigt hatte, nur mit einem T-Shirt und kurzer Hose bekleidet. Jetzt dagegen war immer noch Schneeschippen angesagt. Der meteorologische Frühling hatte ohne einen Sonnenstrahl begonnen. Die Farbe des Himmels war weiterhin grau. Und so ging das schon seit Dezember. Die Sonne hielt gefühlt den längsten Winterschlaf aller Zeiten.

Ich holte das Bauernregel-Buch aus dem Schrank und suchte verzweifelt nach einer Erklärung. Die fand ich in der Tat. Hätte ich da mal drin geblättert, als ich vergangenen Herbst, in der zweiten Oktoberhälfte 2012, kurzärmlig auf dem 1019 Meter hohen Auersberg Rast machte. Dann hätte ich mich auf dieses verkorkste Frühjahr schon mal einstellen können: »Ist der Oktober freundlich und mild, wird der März dafür rau und wild«, las ich. Auch als ich am ersten Advent vor lauter Neuschnee und Frost unsere Fichte im Garten nicht mehr mit einer Lichterkette schmücken konnte, hätte ich das drohende Unheil ahnen müssen. Denn: »Erster Advent hinter vereisten Scheiben, dann wird's der Winter lange treiben.«

Mein Mann versuchte mich zu trösten und aufzuheitern. In solchen Momenten gräbt er dann gern Geschichten aus, die weit zurückliegen und mit denen er mir klarmachen will, dass früher, als die Winter noch richtige Winter waren, alles viel schlimmer war. Eines seiner prägenden Erlebnisse ereignete sich 1966. Er arbeitete damals als junger Fotoreporter in der Hauptredaktion der »Freien Presse« in Karl-Marx-Stadt, als es hieß: Auf dem Kamm des Westerzgebirges sei so viel Schnee gefallen wie schon lange nicht mehr. Er sollte mit einem 500er-Trabant-Dienstwagen ins Auersberggebiet fahren, um dort Fotos vom Wintereinbruch und verschneiten Landschaften zu machen. Dass der Trabi nicht mal Winterreifen hatte, interessierte niemanden, auch meinen Mann nicht. Der ahnte schon, dass bei so einem Wetter nicht viele Autos unterwegs sein würden. Also düste er los. Bis nach Johanngeorgenstadt kam er problemlos. Auch am Beginn der Zufahrtsstraße zum Auersberg rollte die rundgelutschte Pappe noch mit viel Gas durch den Neuschnee. Doch an einer steilen Passage drehten plötzlich die Räder durch und es ging keinen Meter mehr weiter.

Mein Mann griff in seine bewährte Trickkiste. Er stieg aus, stellte seine Fototasche auf das Gaspedal und versuchte den Trabi zu schieben. Doch der rührte sich nicht von der Stelle. Verzweifelt schaute er sich um und erblickte einen einsamen Skiläufer, der die Zufahrt zum Auersberg mit seinen Brettern kreuzte, aber offenbar nicht auf den Berg wollte. Mein Mann winkte ihm. Der Wintersportler verstand den Hilferuf. Er schnallte seine Skier ab, um den Trabi anzuschieben, während mein Mann sich wieder hinter das Steuer setzte. Der Plan ging auf, der Trabi schaffte es in der Tat bis auf das Gipfelplateau. Da war der Skifahrer längst wieder im dichten Fichtenwald verschwunden.

Auf der gesamten Rückfahrt freute sich mein Mann schon auf das Entwickeln der Orwo-Filme in der Dunkelkammer. Doch als er den Trabi vor der »Freien Presse« abstellte, stockte für einen Moment sein Herzschlag. An der Kofferklappe klebten zwei angefrorene Handschuhe. Die hatte mein Mann – ohne es zu ahnen – offenbar dem hilfsbereiten Skiläufer

*Wer immer diese Gertrud war,
auch von ihr drohte Ungemach.*

»ausgezogen«, als der mit voller Kraft von hinten schob. Seither hat für meinen Gutsten der Spruch »Undank ist der Welten Lohn« eine ganze besondere Bedeutung. Er hatte immer gehofft, dass sich der Wintersportler noch bei ihm meldet. Der wusste ja, dass er einem Fotografen der örtlichen Zeitung geholfen hatte. Doch nichts geschah. Ich weiß bis heute nicht, ob ich über diese Geschichte schmunzeln soll oder ob mein Bedauern überwiegt.

In diesem Winter 2013 jedenfalls bedauerte ich vor allem mich selbst. Wieder suchte ich nach positiven Zeichen zwischen all den Lebensweisheiten unserer bäuerlichen Vorfahren. Ich blieb am Datum des 17. März hängen, der längst hinter uns lag, und las, dass eine Gertrud als Namenspatronin für diesen Tag herhalten musste. Wer immer diese Gertrud war, auch von ihr drohte Ungemach. Denn: »Wenn um St. Gertrud noch Fröste regieren, die Rosentriebe noch 40 Tage frieren.« Das hieß also, wir müssen noch bis Ende April bibbern? Als mein Sohn am letzten Samstag im März beim Essen meine Verzweiflung bemerkte, nahm er mir das Bauernregel-Buch weg. »Freu dich doch einfach darüber, dass wir jetzt zumindest die Uhren wieder auf Sommerzeit umstellen können. Dann ist es abends eine geschlagene Stunde länger hell ... beim Freischippen deiner Garagenzufahrt.«

AUF DER SUCHE NACH DEM PERFEKTEN WEIHNACHTSBAUM

Im Chemnitzer Stadtteil Euba suchen wir uns jedes Jahr auf dieser Plantage den schönsten Weihnachtsbaum aus.

Für eine gebürtige Erzgebirgerin wie mich ist das Wichtigste zu Weihnachten nicht ein schönes Geschenk oder ein knuspriger Gänsebraten, sondern der Baum. Es darf auf gar keinen Fall ein künstlicher oder etwa eine Kiefer aus den Brandenburger Sandböden sein, sondern es muss eine Fichte aus heimischen Wäldern her. Ich erinnere mich noch gut daran, wie mein Vater in meiner Kindheit in Ermangelung eines schönen Exemplars oft aus zwei armseligen Bäumchen einen gemacht hat, wie er Löcher in den Stamm bohrte, um dort zusätzliche Äste einzusetzen. Die dann immer noch kahlen Stellen wurden sorgsam mit Lametta kaschiert. Allerdings besaßen wir nur das aus dem Osten. Uns Kindern war das egal. Die Hauptsache: Ein Baum erstrahlte am Heiligabend in der guten Stube, die wir vorher nicht betreten durften. Bis heute ist für mich ein Weihnachten ohne Baum wie ein Osterfest ohne Eier.

Seit ich einen eigenen Haushalt und eine eigene Familie habe, treibe ich den Kult um den Baum auf die Spitze, meint mein Mann. Er hatte doch tatsächlich bei unserem ersten gemeinsamen Weihnachten in seiner kleinen Einraumwohnung 1973 gedacht, er könne mich mit ein paar Tannenzweigen in einer Vase glücklich machen. Beim Anblick der »Überraschung« brach ich in Tränen aus. Darauf seine Beteuerung: »Du wirst in Zukunft jedes Jahr deinen Baum haben.«

Zu DDR-Zeiten war es nicht ganz einfach, dieses Versprechen einzulösen. Mehrfach zog mein Mann mit unserem Sohn los, um mit einem ihm bekannten Förster selbst eine Fichte zu fällen. In anderen Jahren halfen unsere Beziehungen zu einer Floristin und deren Kontakte zu einer Baumschule. Immer bekam der Baum einen würdigen Platz in unserer Neubauwohnung, obwohl die Stube nur 18 Quadratmeter groß war. Ich konnte nie verstehen, dass andere Hausbewohner ihren Baum auf den Balkon verbannten.

Ab 1990 gab es Weihnachtsbäume im Dezember auf einmal im Überfluss: in fast jedem Baumarkt, vor vielen Lebensmittelmärkten, in den großen Einkaufszentren und auch in diversen Baumschulen und Gärtnereien. Wenn die dort mitunter schon Ende November rumstehen, werde ich skeptisch. Die können ja am 24. Dezember gar nicht mehr frisch sein und Tannenduft verströmen, argumentiere ich jedes Jahr, um meinen Mann von einem vorzeitigen Kauf abzuhalten. Er wagt (seit den Zweigen in der Vase) nicht zu widersprechen. Irgendwann vor etlichen Jahren wurden wir auf den Hof »Wiesengrund« im östlichen Chemnitzer Stadtteil Euba aufmerksam, einen einheimischen Weihnachtsbaumproduzenten. Frühestens zwei Wochen vor dem Fest suchen wir seitdem dort jedes Jahr einen Baum aus: meist eine Blaufichte. Entspricht kein Exemplar meinen Vorstellungen, darf es auch eine Nordmanntanne sein. Dicht und knuddelig muss sie sein und so um die zwei Meter hoch. Ragen doch einige Äste zu weit in den Raum oder sind die Zweige so dicht, dass man keine Kugeln daran aufhängen kann, stutze ich den Baum zuhause sanft mit der Gartenschere – ein bisschen wie Johnny Depp in »Edward mit den Scherenhänden«.

In den vergangenen Jahren erinnerte mich meine Baumsuche aber auch an das Märchen vom Fischer und seiner Frau

Ilsebill. Kein Baum auf dem Wiesengrund-Hof war mir gut genug. Die heimischen Fichten gleich gar nicht. Die viel zu trockenen Sommer und der Klimawandel seien daran schuld, meint die Plantageninhaberin.

Weil ich aber offenbar nicht die einzige nörgelnde Kundin bin, bietet der Hof seit einiger Zeit an, den Baum in der Plantage selbst auszusuchen und abzusägen.

2022 war das bei strahlendem Sonnenschein, etwas Neuschnee und Bodenfrost ein wahres Volksfest. In Scharen strömten Eltern mit ihren Kindern oder Großeltern mit ihren Enkeln in das freigegebene Wäldchen, um sich gegenseitig darin zu übertreffen, wer den schönsten Baum findet. Die Schlange der parkenden Autos war nach knapp drei Stunden auf bestimmt zwei Kilometer angewachsen. Manche Familie zog auch mit dem Schlitten ihr Bäumchen glückselig davon. Die Freude über den Baum und die Vorfreude auf das Fest waren ansteckender als Corona in den beiden Wintern zuvor.

Mein Mann und ich liefen fast zwei Stunden jede »Weihnachtsbaumzeile« von fast einem Kilometer Länge ab – bis wir fündig wurden. Dumm nur, dass wir die falsche Säge in den Rucksack gepackt hatten. Hätte mein Hilfe suchender Blick nicht das Herz eines Familienvaters erweicht, würden wir wohl heute noch mit unserem falschen Fuchsschwanz verzweifelt an dem Stamm der auserwählten Nordmanntanne sägen.

Für das Weihnachten 2023 war uns das jedenfalls eine Lehre. Lange vor dem Advent musste ich mir von meinem Mann anhören: »Ich darf gar nicht an den Baum denken! Wenn wir das nur schon hinter uns hätten!« Ich wusste, wie ihn, einen Nichterzgebirger, mein Weihnachtsbaumkult im tiefsten Inneren nervt. Deshalb schlug ich vor, dass wir uns auf dem Wiesengrund ja mal die bereits gefällten Bäume anschauen könnten, die dort immer zuhauf herumstehen. Meine Vorahnung bestätigte sich: Kein Baum genügte meinen Ansprüchen. Zwei

Traumfichten entdeckte ich dann zwar doch noch, aber mit einem Meter Höhe waren sie einfach zu klein. Die Verkäuferin zuckte mit den Schultern und riet uns, am folgenden Sonntag in der Plantage auf Suche zu gehen und eine ordentliche Säge nicht zu vergessen.

Diesmal lag kein Schnee, sondern es herrschte Frühlingswetter. Der Boden war pampig und aufgeweicht, dafür musste aber niemand frieren. Ich wies meinem Mann einen Hauptweg zu, von dem er nicht abweichen sollte. Ich selbst schlug mich mit Rucksack und Säge in die Büsche, besser gesagt in den angrenzenden Randbereich der Plantage, wo kaum jemand suchte. Als mir klar wurde, dass ich immer weiter abdriftete, ging ich zum Hauptweg zurück, um meinen Mann nachzuholen. Ich war fest davon überzeugt, dass wir hier irgendwann fündig würden. Doch mein Mann war verschwunden. So sehr ich nach ihm suchte, er blieb verschollen. Ich zückte mein Handy. Doch da fiel mir ein, dass er sein Mobiltelefon zuhause gelassen hatte. Zum Glück hatte ich wenigstens die Säge bei mir. Ich beschloss, nicht länger nach ihm, sondern endlich nach einem Baum zu suchen, lief hunderte Meter die Baumreihen ab, stapfte zwischendurch ins Dickicht, doch die Fichten und Tannen waren entweder zu groß oder zu licht. Als ich endlich einen dichten, dicken Traumbaum erblickte, hatte der gleich drei Stämme. Ein Unding, ihn abzusägen.

Zwischendurch kehrte ich immer wieder auf die Hauptwege zurück, in der Hoffnung, auf meinen Mann zu treffen. Doch der blieb wie vom Erdboden verschluckt. Dann endlich, nach etwa einer Stunde, sah ich den Baum, der schon auf mich zu warten schien: eine Blaufichte von etwas mehr als zwei Metern Höhe, mit dichten Quirlen, langen Nadeln und an einem Standort, an dem ich gut im unteren Bereich das Stammes sägen konnte.

Allein war das dennoch ziemlich mühselig. Während ich das Sägeblatt hin- und herschob und mir nichts sehnlicher

Die Freude über den Baum und die Vorfreude auf das Fest waren ansteckender als Corona in den beiden Wintern zuvor.

wünschte, als dass mein Mann endlich auftauchen und den Stamm ein bisschen zur Seite drücken würde, überlegte ich, was nun weiter passieren sollte.

Ich beschloss, den Baum bis zum Eingang der Plantage hinter mir herzuzerren, auch wenn das bestimmt mehr als 500 Meter waren, ihn dort zu bezahlen, ins Netz packen zu lassen und dann so lange zu warten, bis mein Gutster auftauchte. Er würde ja hier nie und nimmer bis zur Dunkelheit nach mir suchen. Einen Glühweinausschank hatte ich schon entdeckt, mir würde also wenigstens nicht kalt werden.

Nachdem ich 50 Meter Baumschleppen hinter mir hatte, stand mein Mann plötzlich wie Phönix aus der Asche vor mir. »Ich habe dich überall gesucht, bestimmt auch 20-mal nach dir gerufen. Wo warst du denn?« Es prasselten dieselben Fragen auf mich nieder, die ich ihm stellen wollte. Als er den Baum hinter mir auf dem Boden liegen sah, verflog seine schlechte Laune. »Ist der aber schön! Und wer hat den abgesägt?«

»Na der Weihnachtsmann, du hast dich ja davor gedrückt«, entfuhr es mir etwas schnippisch. Wir schleppten den Baum zu zweit zum Vermessen zur Kasse und verstauten ihn schließlich glückselig im Auto.

Am nächsten Morgen folgte das Nachspiel. Nach dem Frühstück druckste mein Mann zunächst herum, ehe er sagte: »Ich muss dir gestehen, warum du mich gestern in der Baumplantage nicht gefunden hast. Ich bin nicht auf dem Hauptweg geblieben. Ich hatte plötzlich heftige Darmkrämpfe, sodass ich in die entfernteste Ecke der Plantage gerannt bin. Dorthin, wo die Bäume am höchsten und am dichtesten stehen. Weil ich wusste, dass da niemand nach einer Tanne für die gute Stube sucht.« Er habe dort ungestört ein großes Geschäft verrichtet, aber nicht mehr genau gewusst, wo er eigentlich losgelaufen war. Er sei dann ziemlich lange herumgeirrt, bis er meine rote Mütze sah.

Im nächsten Jahr wollen wir jeder ein Handy einstecken und uns auffällig kleiden. »Oder wir suchen woanders nach einem Baum«, schwebt meinem Mann vor. »Nach einem, der schon abgesägt zum Verladen bereitsteht.« Ich glaube nicht daran, dass das funktioniert.

SPEISEN-WUNSCHZETTEL ZUM FEST

Im Ratskeller von Annaberg-Buchholz gibt es das Neunerlei als
»Neinerlaa« auf extra dafür hergestellten Tellern – mit der Gänsekeule
in der Mitte. Ich habe diese Mahlzeit nicht geschafft.

Als ich noch in meinem Elternhaus im Erzgebirge lebte, gab es unter den fünf Familienmitgliedern keine Diskussionen um das Weihnachtsessen. Es wurde verspeist, was auf den Tisch kam. Neunerlei gab es nie, denn meine Eltern waren beide Zugezogene und kannten den Brauch nicht. Ich weiß um die Bedeutung des Neunerlei, aber ich weiß bis heute nicht, wie man das alles bei einer Mahlzeit verdrücken kann. Als ich einmal in Annaberg-Buchholz im Ratskeller zum »Neinerlaa« eingeladen war, blieb die Hälfte der leckeren Sachen auf meinem Teller liegen.

Bei uns zu Hause gab es für das Essen früher klare Regeln. Die Besorgungen erledigte meist meine Mutter. Mein Vater, ein gelernter Fleischer, übernahm die Zubereitung. Am Mittag des 24. Dezember gab es Nudeleintopf mit Geflügelklein. Wenn mein Vater in Hochform war, bereitete er die Nudeln selbst zu. In jedem Fall waren aber die Leberklößchen seine besondere Spezialität, die er aus der Leber jenes Truthahns zauberte, der am nächsten Tag auf den Tisch kam. Ich verstand nie so recht, warum man für ein Essen, das nach spätestens 15 Minuten von allen verspeist war, so einen Aufwand betreibt. Aber mein Vater kochte wirklich gern und gut. Nur das Chaos in der Küche überließ er am Ende seinen vier Frauen.

Am Heiligabend gab es immer Kartoffelsalat mit Würstchen, denn da drehte sich ohnehin alles um den Baum und die Geschenke. Essen war zumindest für uns drei Kinder Nebensache. Am ersten Feiertag tischte mein Vater Puten- oder Kaninchenbraten auf – meine Leibgerichte. Am zweiten Feiertag war für unsere Küche Ruhetag angesagt, da fuhren wir meist zu den Großeltern oder zu Tante und Onkel. Der fetten Gans meiner Oma in Regis-Breitingen konnte ich allerdings nie etwas abgewinnen, höchstens dem Gänsefett, das sie uns in einem Marmeladenglas beim Abschied mitgab.

Seit ich eine eigene Familie habe, ist es mit Hoppel und Truthahn vorbei. Für meinen Mann hat das Kaninchen den Stellenwert eines Goldhamsters oder Meerschweinchens und die würde man ja auch nicht verspeisen, argumentiert er pastoral seit Jahren. Unser Sohn isst seit seinem 18. Lebensjahr kaum noch Tiere – schon gar nicht welche aus Gefangenschaft. Woher dieser plötzliche Sinneswandel kam, weiß ich bis heute nicht. Ich erinnere mich, wie er als Kind an einem Buffet in einem Hotel auf Mallorca genüsslich sieben Hühnerbeine verspeiste. Daran will er heute nicht mehr erinnert werden.

Ich verstand nie so recht, warum man für ein Essen, das nach spätestens 15 Minuten von allen verspeist war, so einen Aufwand betreibt.

Ich bereite für den Heiligabend seit Jahren Kartoffelsalat und Schaschlik zu. Für den Sohn spieße ich dazu nicht Fleisch-, sondern Tofu- und Käsewürfel, Paprikastreifen, Champignonköpfe und anderes Gemüse auf. Für den ersten Feiertag einigten wir uns vor vielen Jahren auf Fisch, weil den auch die Omas gern aßen und sie an diesem Tag stets unsere Gäste waren. Sie sind nun schon seit einigen Jahren nicht mehr unter uns. Statt ihrer sitzt unsere Schwiegertochter mit am Tisch. Mein Schaschlik schmeckt ihr, aber nur wenn ich auf Speck- und Schinkenspeckstreifen verzichte und als Fleisch ausschließlich Lende verwende. Kein Problem! Seit das Enkelkind da ist, essen wir am Heiligabend bei der Jugend – nach dem Besuch des Weihnachtsmanns. Ich bereite zuhause alles wie seit jeher zu und nehme die Speisen mit auf den Kaßberg.

An einem der Feiertage kommen die Kinder dann zu uns. Doch die Schwiegertochter isst keinen Fisch und vom klassischen Weihnachtsbraten, wie sie ihn von ihrer Mutter kennt, mag sie eigentlich auch nur die Soße und Klöße, gesteht sie. Da ist guter Rat teuer.

Als ich beim ersten gemeinsamen Weihnachten mit der Schwiegertochter fragte, was ich denn angesichts diverser Abneigungen eigentlich kochen soll, gab es reichlich Tipps. Nur für meinen Mann und mich war nichts dabei, denn sämtliches Federvieh wurde genauso vom Speiseplan verdammt wie Rind, Schwein und Kaninchen. Stattdessen landeten Fischstäbchen (von denen isst die Schwiegertochter zumindest die Panade), gebratener Blumenkohl, Kartoffelpuffer und saure Eier in Senfsoße auf der Wunschliste. Als ich anmerkte, dass das alles kein Weihnachtsessen und schon gar keine Tradition sei, wurde Alf, der Außerirdische, zitiert, mit dem sich unser Enkel gerade anfreundet: »Traditionen sind dazu da, dass man mit ihnen bricht.«

Schließlich zeichnete sich bei unserem ersten gemeinsamen Weihnachtsessen doch noch ein Kompromiss ab. Der hieß

Kohlrouladen, manche sagen auch Krautwickel – ein Leibgericht meines Mannes. Allerdings wünschte sich der vegetarische Sohn anstelle des Hackfleischs Räuchertofu, die Schwiegertochter wollte nur die halbe Menge der Fleischfüllung, dafür die dreifache Menge Kraut. Ich frage mich seither jedes Jahr, ob ich mich auf solche Sonderwünsche einlassen soll. Zumal nun auch ein Enkel mit am Tisch sitzt, der aber zum Glück (fast) alles isst. Als ich den Jungen fragte, was er denn gern essen würde, sagte er ohne zu zögern: »Grießbrei.«

Eines Tages kam mein Mann mit einer guten Idee, denn er hat Mitleid mit mir. Er weiß, dass ich zwar gut, aber nicht unbedingt leidenschaftlich gern koche und mich die vielen Sonderwünsche manchmal nerven. Er schlug vor: »Wenn wir ohnehin zu Weihnachten mit allen Esstraditionen brechen, könnten wir doch zu unserem Lieblingschinesen in Chemnitz gehen. Dann hast du keine Arbeit, wir beide essen Ente und die Kinder etwas Passendes zum Weihnachtswetter: zum Beispiel Frühlingsrolle.«

WER IST DER WEIHNACHTSMANN?

Ein Lied für den Weihnachtsmann. Diesem großen Unbekannten vertraut unser Enkel.

Meine nur wenig jüngere Schwester und ich haben uns in frühen Kindheitstagen nie die Frage gestellt, wo der Weihnachtsmann wohnt. Wir haben auch nie darüber gerätselt, ob es nur einen Knecht Ruprecht gibt und wie der es schafft, an einem Abend alle Kinder glücklich zu machen. Wir haben uns auch nie gewundert, wenn unser Vater am Heiligabend plötzlich für eine halbe Stunde weg war. Wenn es gegen die Tür unserer Wohnung in Erla unweit von Schwarzenberg donnerte, konnte das nur der Weihnachtsmann sein. Endlich waren wir dran! Wie gut, dass er uns nicht vergessen hatte! Auf ihn war Verlass!

Er kam, bis ich sechs Jahre alt war, und dann erst wieder, als unsere jüngste Schwester, eine Nachzüglerin, geboren war. Wir Großen wussten da längst, wer hinter dem Weihnachtsmann steckt. Einmal schlüpfte auch meine Mutter in den roten Mantel. Sie hätte bei der Bescherung nur ihre Handschuhe nicht ausziehen sollen. Denn unsere jüngste Schwester konstatierte hinterher: »Der Weihnachtsmann war eine Frau! Der hatte solche Hände wie Mutti.«

Mit meinem Sohn erlebten wir eine ähnliche Pleite, als er 1979 mit nicht einmal zwei Jahren in unserer Plattenbauwohnung im Karl-Marx-Städter Beimlergebiet zum ersten Mal einem stattlichen Weihnachtsmann mit ganz tiefer Stimme gegenüberstand. Er musterte ihn aufmerksam, aber keineswegs ängstlich, von oben bis unten mit großen Augen, bis seine Blicke an den karierten Pantoffeln hängenblieben. »Dieter, Dieter!«, waren die einzigen Worte, die unser Kind zur Begrüßung sagte. Dieter war unser Nachbar – mit unverwechselbarer Stimme, und seine Hausschuhe waren ein weiteres klares Indiz. Dieter musste seinen Nebenjob schon nach einer Saison an den Nagel hängen. In den Jahren darauf fanden sich in unserem neungeschossigen Haus immer neue Weihnachtsmänner. Zwei kamen mit Masken vor dem Gesicht und waren nicht zu identifizieren, einer davon war sogar eine Frau. Trotzdem musterten wir beide aus: Sie waren zu gutmütig, kein bisschen streng! Dann musste zwei Jahre hintereinander der erwachsene Sohn des damaligen Direktors des Hotels »Moskau« ran. Die Familie wohnte in unserem Haus. Den vollbärtigen Junior, der zur See fuhr, kannte unser Sohn nicht. Weihnachten verbrachte er meist daheim. Er war ein so perfekter Weihnachtsmann, dass wir ihn sogar noch einmal orderten, als unser Sohn schon in der ersten Klasse war. Da er keine älteren Geschwister hatte, klärte ihn auch niemand vorlaut auf. Alle Dialoge mit dem Weihnachtsmann, einschließlich einiger Tränen, haben wir mit einem Kassettenrekorder aufgezeichnet. Die Aufnahmen existieren noch. Einmal haben wir sie unserem Enkel Emil vorgespielt, der großen Respekt, aber keinerlei Angst vor dem Mann im roten Mantel hat.

Emil wohnt seit seiner Geburt 2017 auf dem Kaßberg, im Herzen der Stadt und im bevölkerungsreichsten Stadtteil. Er sieht dort jedes Jahr im Dezember an etlichen Häusern, wie Weihnachtsmänner heimlich bei Wind und Wetter über Leitern hinauf auf Balkone klettern. Er weiß, dass die Typen nur Puppen und nicht echt sind und dass sie deshalb auch nicht frieren können, klärt er mich auf.

Das Kind versprach, an sich zu arbeiten, gab gleich noch ein Lied zum Besten und fragte den Weihnachtsmann, ob er vielleicht Durst habe.

Unser Enkel malt lange vor dem Fest jedes Jahr einen Wunschzettel. Seine Eltern haben ihm erklärt, dass er sich auf drei Wünsche beschränken muss. Mehr könne der Weihnachtsmann aus dem hohen Norden nicht heranschleppen. Schließlich warten ja alle Kinder auf Geschenke. Der Wunschzettel hängt bis einige Tage vor dem Fest außen an der Wohnungstür. Wenn er dann plötzlich verschwunden ist, ahnt Emil, wer ihn mitgenommen hat. Am Nachmittag des 24. Dezember versammelt sich die Familie, also Eltern und Großeltern, dann in Emils Wohnung und wartet. Weil der Weihnachtsmann hier so viel zu tun hat, kommt er nicht jedes Jahr ein bisschen später, sondern immer früher.

2023 hatte sich Knecht Ruprecht besonders gut gestylt. Der dichte weiße Bart saß so perfekt, dass vom Gesicht kaum mehr als die Augen zu sehen waren. Der rote Mantel reichte bis auf den Boden. Obwohl Emil alles andere als ein ängstliches Kind ist, wagte er sich nicht allein zur Tür, als es laut klopfte. Oma musste mit! Dann aber waren die beiden schnell ein Herz und eine Seele. Unser Enkel sang von der Weihnachtsbäckerei, ohne dass er dazu aufgefordert wurde, erzählte, dass er schon den Kopfsprung beherrscht, auch vom Drei-Meter-Brett springt, und dass er mit seinen Eltern einmal 21 Kilometer gewandert sei. Dem Weihnachtsmann verschlug das fast die Sprache. Viel zum Rügen gab es für ihn nicht, höchstens, dass Emil nicht verlieren kann – zum Beispiel bei Würfelspielen. Das Kind versprach, an sich zu arbeiten, gab gleich noch ein Lied zum Besten und fragte den Weihnachtsmann, ob er vielleicht Durst habe. Natürlich hatte er. Also schleppte Emil eine Flasche Bier heran – mit Trinkröhrchen darin, damit der Bart nicht nass wird.

Die Bescherung zog sich einige Zeit hin. Nach dem Abgang des Weihnachtsmannes ging unser Enkel für einen Moment in sich, ehe er sagte: »Ich glaube, der Weihnachtsmann ist ein Mensch. Ich habe genau gesehen, dass unter seinem weißen Bart noch ein schwarzer war.« Seine Mama reagierte prompt: »Das ist gut möglich. Der Weihnachtsmann hat bestimmt ganz viele Helfer, weil er es allein gar nicht schaffen würde, an einem Abend alle Kinder zu besuchen und zu beschenken.« Emil gab sich mit der Antwort zufrieden – zumindest an diesem Abend. Mir fielen sofort die Worte unseres Sohnes, also von Emils Vater, ein, der im Alter von knapp fünf Jahren nach der Verabschiedung von Knecht Ruprecht meinte: »Ich glaube, der Weihnachtsmann ist kein richtiger Mensch.« Wir erklärten uns seine Erkenntnis damals damit, dass der bärtige Geselle eine grässliche Maske trug.

Als ich einem befreundeten Kollegen, der unweit entfernt auf dem Kaßberg wohnt, von der weihnachtlichen Erkenntnis unseres sechsjährigen Emils berichtete, meinte er schmunzelnd: »Ich glaube, euer Enkel ist da etwas ganz Großem auf der Spur!« Na, warten wir mal das nächste Weihnachten ab.

GIPFELERLEBNISSE
AM ADELSBERG

*Im Januar 1985 fand am Adelsberg der Auftakt zu den Kreis-Kinder-
und Jugendspartakiaden der DDR statt. Unser Sohn (links) holte Silber
im Skilanglauf.*

Wenn ich auf Reisen angesichts meines unverkennbaren Dialekts mitunter gefragt werde, woher ich stamme, dann ist mir klar, dass mit meinem Geburtsort kaum einer etwas anfangen kann. Denn geboren wurde ich in Erlabrunn im tiefsten Westerzgebirge nahe der Grenze zu Nordböhmen: in jenem Bergarbeiterkrankenhaus, in dem später auch die Skisportlegenden Jens Weißflog und Sven Hannawald sowie jede Menge anderer Promis den Sprung auf die Welt schafften. Zu ihnen gehört übrigens auch der »Erzgebirgskrimi«-Kommissar Robert Winkler, der im richtigen Leben Kai Scheve heißt.

Das für die damalige Zeit prächtige geschwungene Haus wurde 1951 als erster Krankenhausneubau der jungen DDR eröffnet: wegen der Tausenden Bergleute, die in diese Gegend kamen, um nach Uran zu schürfen und gutes Geld zu verdienen – so wie meine Eltern. Zwei Jahre später erfüllte mein Geschrei die Neugeborenenstation. Wer wie ich dann auch im Erzgebirge aufgewachsen ist, der nimmt den höchsten Berg von Chemnitz nicht wirklich als Gipfel wahr. Mit seinen 508 Metern Höhe überragt der Adelsberg im Süden der Stadt das Zentrum zwar um ganze 200 Meter. Aber was ist das schon im Vergleich zu den Bergen meiner Kindheit? Der 1019 Meter hohe Auersberg oder der 1215 Meter hohe Fichtelberg, das sind doch ganz andere Nummern.

Ich weiß nicht mehr, wann ich mich endgültig damit abfand, dass es in meiner neuen Wahlheimat, die Karl-Marx-Stadt in den 1970er-Jahren wurde, nicht höher hinaus ging. Aber einen großen Vorteil hatte der Berg: Von allen drei Wohnungen, die ich im Laufe der Jahre mit meiner Familie im Süden der Stadt bewohnte, konnten wir den Adelsberg problemlos zu Fuß bezwingen. Auch ohne knöchelhohe Wanderschuhe. Immer wenn es uns nach Feierabend oder am Wochenende raus ins Grüne zog, war der Adelsberg die erste Adresse. Im Winter mit dem Schlitten und auf Skiern – unser Sohn liebte den Katzenbuckel –, im Sommer mit einem Zwischenstopp auf halbem Weg im Garten unserer besten Freunde. Im Herbst, um hier auf Pilzsuche zu gehen.

Wie bei vielen Gipfeln führen auch auf den Adelsberg mehrere Wege. Wir kennen jeden und sind alle zigmal gegangen. Einmal konnte ich zu DDR-Zeiten sogar die Frauen unserer ADN-Redaktion überzeugen, dass wir am 8. März, also am Internationalen Frauentag, gemeinsam auf den Adelsberg und von dort weiter bis nach Augustusburg wandern. An diesem Ehrentag bekamen wir von unserem Chef immer frei, mussten allerdings etwas unternehmen, das den »Kollektivgeist« förderte. Statt arbeiten wandern, das fanden alle gut. Die männlichen Kollegen versprachen, uns am Nachmittag in Augustusburg mit ihren Autos abzuholen. Es wurde ein herrlicher heiter-beschwipster Frauentag.

Als unser Sohn 1984 im Hans-Beimler-Wohngebiet in die Schule kam, wurde ich gefragt, ob ich im Elternaktiv mitarbeiten könnte. Das war wieder einer der Momente, wo ich nicht Nein sagen konnte. Dabei hatte ich in meiner Schulzeit mit meinem Vater als Elternvertreter keine sonderlich guten Erfahrungen gemacht. Er wusste ständig über alles Bescheid.

Ich konzentrierte mich deshalb auf die außerschulische Zeit der Kinder, suchte beispielsweise Touren für Wandertage aus und begleitete die Klasse dann. Auch da ging es mit Vorliebe auf den Adelsberg, wo es ein 1886 gebautes rustikales Berggasthaus mit einem 20 Meter hohen Aussichtsturm und das Glas rote Limo für 50 Pfennig gab. Einmal wanderten fast alle Eltern mit. Da ging es vom Adelsberg noch hinunter bis ins Sternmühlental.

An einem schneereichen Tag 1987, als der Winter uns bis weit in den März hinein in Schach hielt, schlug die Klassenlehrerin einen Pioniernachmittag auf Skiern vor. Nicht alle Kinder besaßen Bretter, aber zumindest waren acht Mädchen und Jungen hellauf begeistert. Mein Mann und ich erklärten uns bereit für das Abenteuer mit den Kindern. Natürlich sollte es auf den Adelsberg gehen. Als Lohn für die Anstrengung wollten wir auf dem Gipfel Limo und Bockwurst für alle spendieren.

Ich weiß nicht, ob der Wirt versehentlich Brause mit Schuss serviert hat. Jedenfalls waren die Kinder nach der Stärkung total aus dem Häuschen. Da es schon langsam dämmerte, mahnten wir zur Eile. Doch mit den Skifahrkünsten einiger war es nicht weit her. Ein Junge jammerte, weil die Tour für ihn mit »Spitzensalat«, einem zerbrochenen Ski, endete. Einen anderen hätten wir beinahe verloren, weil er plötzlich keine Lust mehr hatte. Es war schon dunkel, als wir endlich die Schule erreichten und alle noch oder besser gesagt wieder zusammen waren.

Anfang Januar 1985 fand ausgerechnet am Adelsberg der Auftakt zu den Kreis-Kinder- und Jugendspartakiaden der DDR statt. Unser Sohn, damals Erstklässler, errang Silber in seiner Altersklasse im Skilanglauf und stand schon eine Stunde nach dem Start stolz auf dem Siegerpodest. Ich brachte den Adelsberg und die rührigen Organisatoren der dortigen Sportgemeinschaft einen Tag später mit einem entsprechenden Bericht in etliche Tageszeitungen, sogar ins »Deutsche Sportecho«. Immerhin galt die SG Adelsberg als älteste Wohnsportgemeinschaft von Karl-Marx-Stadt.

Doch nicht nur mit diesem Ereignis erlangte der Hausberg republikweit Bekanntheit. Weit mehr Schlagzeilen, und zwar bundesweit, gab es acht Jahre später: nach dem 20. Juli 1993. Da beschäftigte der Adelsberg, oder besser gesagt ein Toter dort, Bürger und Polizeiermittler im gesamten Land.

Zwei Spaziergänger hatten an diesem Sommertag einen grausigen Fund gemacht. Nicht direkt auf dem Gipfel, sondern in dessen Verlängerung weiter südlich, wo die Straße nach Erdmannsdorf im rechten Winkel vom Plateau abknickt. Gleich mehrere Wanderwege kreuzen sich hier, darunter der vom und zum Adelsberg. Mitunter parken hier auch die Autos von Ausflüglern und Pilzsammlern. Genau an dieser Stelle lag vor etwas mehr als 30 Jahren eine Sporttasche am Rand eines Gebüschs. Sie sah aus, als hätte jemand versucht, sie zu verbrennen, was wohl misslang. Die beiden Passanten zerrten den Fund aus dem Unterholz und öffneten den Reißverschluss. Nicht ein-

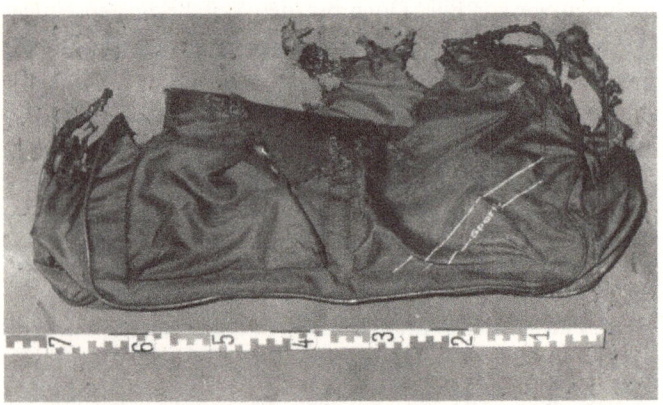

Im Sommer 1993 ging dieses Foto durch viele deutsche Zeitungen. Spaziergänger hatten die flaschengrüne Sporttasche mit einem menschlichen Torso darin unweit vom Adelsberg gefunden.

mal im schlimmsten Krimi hatten sie so etwas gesehen. In einem blauen Müllsack steckte der Rumpf eines Menschen, dem Kopf, Arme und Beine fehlten. Der Torso war lediglich mit einem Männerslip bekleidet. Die fehlenden Körperteile waren offenbar mit einer feinzahnigen Säge abgetrennt worden.

Der mysteriöse Torso, den die Polizei anhand der Körperbehaarung recht schnell einem vermutlich rothaarigen Mann zuordnen konnte, stellte die Mordermittler Wochen, Monate, ja sogar Jahre vor ein Rätsel. Der gesamte Wald rund um den Adelsberg, bis in die Stadtteile Euba und Kleinolbersdorf, aber auch Richtung Erdmannsdorf, wurde nach den fehlenden Gliedmaßen und dem Kopf abgesucht. Nichts fand man. Es gab zudem bundesweit keine einzige Vermisstenmeldung, die zu dem Fund passte. Die Kriminalisten kamen – auch anhand der DNA – zu dem Schluss, dass es sich möglicherweise um einen europäischen Ausländer handelte. Später verfolgten sie eine vage Spur nach Russland. Aber auch die verlor sich, nicht zuletzt wegen nur halbherziger Amtshilfe durch dortige Behörden. Der Torso vom Adelsberg bleibt eines der ganz wenigen tödlichen Verbrechen in Sachsen, die nicht aufgeklärt werden konnten.

Noch heute läuft mir ein Schauer über den Rücken, wenn ich an der Fundstelle vorbeikomme. Immer schaue ich dann aufmerksam ins Gebüsch und unter die Bäume, als würden sich Geschichten wiederholen, was natürlich Quatsch ist. Mein Mann, der gern den Hobbyarzt gibt, meint, das seien zumindest im Ansatz krankhafte Züge. Glaube ich tatsächlich, noch Überreste der abgesägten Körperteile zu finden? Ich werde am Adelsberg jedenfalls immer die Augen offenhalten. Auch um zu schauen, ob das Berggasthaus eine Zukunft hat und der neue Besitzer den Turm tatsächlich saniert und höher baut, damit Gäste wieder einen Blick auf Chemnitz und mein Erzgebirge haben.

WIE ICH THOMAS GOTTSCHALK RUMKRIEGTE

Eine schwere Geburt: meine Begegnung 1990 mit der Radio- und TV-Legende Thomas Gottschalk.

ch gestehe: Ich war einmal großer Thomas-Gottschalk-Fan. Das war etwa ab 1987, nachdem der schlagfertige und wortgewandte Moderator die samstägliche ZDF-Unterhaltungsshow »Wetten, dass ...?« von Frank Elstner übernommen hatte und noch um die 20 Millionen Zuschauer jede Sendung richtig klasse fanden. Auch meine Familie gehörte dazu. Am meisten schätzte ich an Gottschalk, wie er Pannen oder ungeplante Dinge mit lockerer Schnauze überspielte. Darin war er Weltmeister.

Als es Anfang 1990 hieß, »Wetten, dass ...?« kommt nach Hof in die Freiheitshalle, nutzte ich die gerade über den Journalistenverband geknüpften Kontakte zum dortigen Pressesprecher der Stadt und fragte, ob er mir Karten besorgen könnte. Ich flehte ihn außerdem an, mir doch auch gleich ein Interview mit dem Showmaster zu vermitteln. Er versprach, sich darum zu bemühen. Das mit den VIP-Karten klappte auf Anhieb. Ich bekam sogar drei. Der Plan mit dem Interview wurde dagegen zur Tortur.

Ich solle direkt beim ZDF anfragen, riet man mir. Doch die Pressestelle des Senders wimmelte mich gleich ab: Das Ansinnen könne ich vergessen. Gottschalk stehe an solchen Abenden nicht für Interviews zur Verfügung, teilte man mir mit.

Ich legte nach. Es sei ja schließlich ein besonderer Abend: die erste Show nach dem Mauerfall, zu der auch viele Zuschauer aus der nahen DDR, aus dem Vogtland und Westsachsen nach Hof reisen würden.

Der Sender wollte mich – eine Journalistin der DDR-Nachrichtenagentur ADN aus Karl-Marx-Stadt – vermutlich nicht ganz verprellen und riet mir deshalb: Ich solle es am Abend nach der Sendung am 7. April einfach bei der After-Show-Party versuchen. Ich sei herzlich eingeladen, aber mehr könne der Sender nicht für mich tun.

Mein Berufsehrgeiz war wieder einmal entfacht. Ich wollte Gottschalk als erste DDR-Journalistin nach dem denkwürdigen Wende-Herbst 1989 unbedingt haben, besprach das aber so mit niemandem. Einen konkreten Auftrag der Redaktion hatte ich daher nicht. Vielmehr fuhr ich privat mit Mann und Kind die 100 Kilometer von Karl-Marx-Stadt nach Hof – ohne jeglichen Druck von Vorgesetzten.

Die Show war, obwohl wir ganz vorn saßen, nicht so schön, wie man sie aus dem Fernsehen kannte, weil einem ständig jemand die Sicht versperrte. Zumeist waren es die Kameraleute

Da war der Entertainer für mich auf einmal nur noch ein ganz überheblicher Fatzke.

und Kabelträger. Zu später Stunde, Gottschalk hatte wie immer zeitlich überzogen, wurden dann die Stargäste und VIPs zur After-Show-Party mit feinem Essen gebeten. Ich hatte mich dafür ordentlich aufgebrezelt, wollte auf keinen Fall als Ossi aus der Provinz wahrgenommen werden. Schließlich gab es auch in der DDR schicke Klamotten. Man musste nur lange genug und geduldig suchen und ein bisschen investieren.

Plötzlich stand ich Hape Kerkeling, Uschi Glas und Eddi Arent hautnah gegenüber. Was hätte ich noch vor einem halben Jahr dafür gegeben? Doch jetzt interessierten die mich nicht. Lediglich mein zwölfjähriger Sohn nutzte die Gunst der Stunde und ging auf Autogrammjagd. Ich dagegen wollte nur den Gottschalk. Doch der war ständig von irgendwelchen Leuten umringt und wimmelte mich bei jedem Annäherungsversuch mit fast schon arroganter Geste ab. Da war der Entertainer für mich auf einmal nur noch ein ganz überheblicher Fatzke. Meine Sympathien für die Quasselstrippe schwanden mit jeder Minute. Beim Essen bekam ich keinen Bissen hinunter, so enttäuscht und verärgert war ich.

Ein West-Kollege versuchte, mich zu trösten: »Machen Sie sich nichts draus! Der ist immer so. Der gibt aus dem Stegreif nie Interviews.« Doch ich wollte einfach nicht aufgeben. Immer wieder drängelte ich mich zu Gottschalk durch, sagte, dass die Leute im Osten gern ein wenig mehr über ihn und die Show erfahren wollten und dass ich extra deshalb nach Hof gekommen bin. Auch im Bezirk Karl-Marx-Stadt hätte er schließlich Zehntausende Fans, versuchte ich ihn zu umgarnen. Nach dem fünften Anlauf schaute er mir kurz entnervt in die Augen und sagte schließlich: »Komm, Mädel, bringen wir's hinter uns!« Ich zückte Stift und Notizbuch.

Meine vorher wohlüberlegten Fragen kannte ich auswendig. Die Antworten kamen locker und spontan, wie ich das erwartet hatte. Ich hielt dem Moderator vor, dass er es bei seinem

Verdienst doch gar nicht nötig hätte, nun auch noch Werbung für »Hamburger« zu machen. Damals kursierte das Gerücht, er würde 25.000 D-Mark für jede »Wetten, dass ...?«-Sendung bekommen. Schlagfertig konterte er: »Man hat mich mit Geld erpresst.«

Um uns herum hatte sich im Nu eine Traube Fotografen gebildet. Die Auslöser der Kameras klickten. Einer sagte zu meinem Mann, der mit seinem Profiapparat zwischen den Berufskollegen stand: »Wie hat die das denn geschafft? Das gibt es doch gar nicht!« Er antwortete, ich sei immer so hartnäckig, wenn ich mir etwas in den Kopf gesetzt habe, und schoss natürlich ein Bild von dieser besonderen Begegnung. Am Montag darauf sparte mein Chef in der Karl-Marx-Städter Redaktion nicht mit Lob, schließlich war ich die erste DDR-Journalistin, die den Gottschalk rumgekriegt hatte.

Nebenbei gewährte mein Beitrag auch einen Blick hinter die Kulissen der Sendung. Gottschalk versprach noch für dasselbe Jahr ein »Wetten, dass ...?« aus der DDR. »Am besten aus der schönen Stadthalle in Karl-Marx-Stadt«, legte ich ihm ans Herz. Die war im Herbst 1974, also vor nicht einmal 16 Jahren, als modernstes Kultur- und Kongresszentrum eröffnet worden und würde sich als Top-Adresse empfehlen, glaubte ich.

Doch mit seinem Versprechen hatte sich der Showmaster ein bisschen zu weit aus dem Fenster gelehnt. Die erste Sendung aus dem Osten kam erst viel später, eine aus Karl-Marx-Stadt gab es nie. Angeblich eignete sich die Stadthalle in der am 1. Juni 1990 rückbenannten sächsischen Metropole Chemnitz nicht dafür. Aber: Viele DDR-Tageszeitungen druckten damals mein Interview, mit dem niemand gerechnet hatte. Außer mir selbst.

»Wetten, dass ...?« wurde später noch einmal pro Jahr wiederbelebt: mit Thomas Gottschalk als Moderator. Zu seiner Bestform fand er nie wieder zurück. Schade! Ich schaue auch andere Fernsehsendungen mit ihm nicht mehr an. Nicht wegen seines Alters, sondern weil er mir mit seinen Plaudereien einfach zu sehr an der Oberfläche bleibt. Was uns aber bis heute verbindet: Wir können beide von unseren Berufen nicht lassen.

GRATIS NACH MALLE

Ein Traum für Mallorca-Urlauber: Wer die Inselhauptstadt Palma besucht, kommt an der prächtigen Kathedrale La Seu nicht vorbei.

I ch bin zu keinem Zeitpunkt meines Lebens ein Glücksspieltyp gewesen. Als ich Kind war, spielten meine Eltern jede Woche Lotto. Ich glaube, mein Vater war es in erster Linie, der auf das große Los hoffte. Er stammte aus einfachen Verhältnissen und wuchs mit drei Brüdern auf, die alle solide Handwerksberufe erlernt hatten. Reich wurden sie damit nicht, denn alle vier mussten in den Krieg ziehen. Nach dessen Ende und der Zeit in Gefangenschaft hatte mein Vater einen schweren Neustart, der ihn zur Wismut nach Johanngeorgenstadt lockte. Dort lernte er als Hauer meine Mutter kennen. Für eine kurze Zeit durften Frauen damals im Schacht arbeiten. Mein Mann glaubt deshalb bis heute, ich sei unter Tage gezeugt worden. Mein Allerwertester sei heiß wie ein Atommeiler, stellt er selbst an den kältesten Wintertagen fest. Das könne nur an der Radonstrahlung liegen, die mir schon vor der Geburt in die Wiege gelegt wurde. Vielleicht hält mir mein Bester deshalb seit Jahrzehnten die Treue und sagt, ich sei sein großes Los. Denn er ist eine echte Frostbeule. Ich bin sein Garant in Energiekrisen.

Meine Eltern jedenfalls haben nie größere Summen gewonnen, ab und zu gerade einmal den Spieleinsatz wieder reingeholt. Ich verstand nie, warum sie überhaupt Lotto spielten. Vielleicht wegen des Kicks vor der Verkündung der Zahlen?

Eine Spielernatur anderer Art war eine Kollegin in der Redaktion. Sie stammte von der Ostsee und managte in der ersten Zeit das Sekretariat meiner Abteilung. Es gab kein Gewinnspiel, kein Kreuzworträtsel und kaum einen Wettbewerb in Zeitungen, an dem sie sich nicht beteiligte. Und in der Tat fasste sie auch öfters mal einen Gewinn ab, der sie natürlich ermutigte. Es waren eher kleine Dinge, die sie bei Laune hielten, aber für die die zweifache Mutter immer irgendeine Verwendung hatte. Ich gönnte ihr das Glück im Spiel, zumal es ihr in erster Ehe auf Dauer versagt blieb.

Wenn sie mich fragte, warum ich nicht spiele, dann hielt ich ihr immer entgegen, dass ich noch nie etwas gewonnen hätte. Außerdem habe man entweder Glück in der Liebe oder im Spiel. Mein Hauptgewinn sei nun mal mein Mann, auch wenn das nicht für 365 Tage im Jahr gilt.

Einmal ließ ich mich aber doch auf ein Gewinnspiel ein. Es war im Spätsommer 1990. Die Währungsunion war vollzogen. Verwandte, Bekannte und Kollegen waren immer noch im Freudentaumel. So auch eine Freundin, die damals drei Etagen unter uns in einer achtgeschossigen Platte wohnte. Sie war Floristin und half immer, wenn Not am Mann war, und vor allem, wenn wir Blumen brauchten. Mit ihr und zwei weiteren Familien im Haus feierten wir so manches Fest und fast jeden Geburtstag. In besagtem Spätsommer klingelte sie kurz vor dem Mittag an unserer Tür. Es war ein Samstag. Sie war so durch den Wind, dass ich gar nicht gleich verstand, warum sie zu so ungewohnter Zeit zu uns kam. Sie habe gerade im Radio eine achttägige Reise nach Mallorca gewonnen, zusammen mit ihrem Lebenspartner, sprudelte es aus ihr heraus. Sie wollte das am Abend mit uns feiern und lud uns daher in ihre Wohnung ein.

Wir waren alle leicht angeheitert,
und mir war diese Frage irgendwie
zu blöd oder einfach zu simpel.

Ich wusste, dass sie bei jeder Hausarbeit nebenbei Radio hörte: Sachsenradio, jenes Programm, das aus dem Sender Karl-Marx-Stadt hervorgegangen war und das dann ab 1992 als MDR die Hörer unterhielt. Sie liebte im Unterschied zu mir deutsche Schlager, vor allem deshalb hielt sie dem Kanal die Treue. Natürlich fragte ich sie gleich aus, wie sie denn zu dem Gewinn gekommen war. Sie erzählte, dass es im Vormittagsprogramm etwas zu erraten gab und dass es um das Thema Reisen ging. Sie wusste die Antwort auf Anhieb, rief sofort beim Sender an und kam auch gleich durch. Eine Stunde später wurde ihr, der glücklichen Gewinnerin, gratuliert.

Also, wenn das kein Grund zum Feiern war! Wir stießen abends in lustiger Runde auf das große Glück an. Nebenher lief Sachsenradio, auch wenn kaum einer hinhörte. Erst als die Moderatorin noch einmal an das Gewinnspiel vom Vormittag und an die Gewinnerin erinnerte, spitzten wir die Ohren. Denn sie verkündete plötzlich, dass es jetzt eine weitere Gewinnchance geben werde. Es könnten noch einmal zwei Personen eine Reise auf die Balearen antreten, »wenn Sie eine moderne Sportart erraten, die man mit Vorliebe bei starkem Wind und auf dem Meer betreibt«, so die Moderatorin. Sie gab sogar noch Hilfestellung: »Der Begriff besteht aus sechs

Buchstaben.« Ich wusste sofort, dass es um Surfen ging. Oder war vielleicht Segeln gemeint?

»Los, rufe an, vielleicht gewinnst du! Um diese Zeit hört doch am Samstagabend kaum einer Radio«, trieb mich meine Bekannte an und drückte mir ihr Telefon in die Hand. Ich zögerte und genierte mich irgendwie. Es war so gegen 22 Uhr. Wir waren alle leicht angeheitert, und mir war diese Frage irgendwie zu blöd oder einfach zu simpel. Meine Freundin verlor die Geduld. Sie wählte die gerade im Radio angesagte Nummer und übergab mit den Hörer. Die Leitung war frei und schon fragte mich eine freundliche Stimme nach dem Lösungswort. Ich erfuhr nicht, ob ich mit dem Surfen richtiglag. Die Frau sagte nur, dass noch vor Mitternacht der Gewinner verkündet werde.

Also hörten wir weiter Sachsenradio, nun aber weit aufmerksamer als in den Stunden zuvor. Ich war kein bisschen aufgeregt, schließlich hatte ich noch nie etwas gewonnen. Warum ausgerechnet jetzt? Und noch dazu eine Reise auf eine Insel, die für DDR-Bürger Jahrzehnte unerreichbar war?

Dann folgte der Paukenschlag: »Die zweite Reise geht ebenfalls nach Chemnitz!«, verkündete die Frau im Nachtradio und nannte schließlich meinen Namen. Alle in unserer Runde fielen sich in die Arme. Ich sollte noch in der Nähe des Telefons bleiben und würde gleich angerufen.

Das geschah tatsächlich. Erst da war ich mir sicher, dass wir zu viert nach Malle fliegen würden. Was heißt zu viert? Als ich die Frau im Radio fragte, ob es möglich sei, dass wir die Reise in den Herbstferien antreten und wir auch unser zwölfjähriges Schulkind mitnehmen wollten, für das ich natürlich bezahlen würde, war das alles rasch geklärt. Wir bestiegen zu fünft im Oktober 1990 einen Flieger nach Mallorca und verbrachten dort – abgesehen von einem Wolkenbruch am ersten Abend – wunderbare Herbstferien bei sommerlichen Temperaturen.

Das Einzige, was uns nicht gefiel, war ein Spanner, der uns an einem einsamen FKK-Strand in einem Naturschutzgebiet auflauerte. Aber nicht seinetwegen habe ich mich nie wieder an einem Gewinnspiel beteiligt. Vielmehr bin ich fest davon überzeugt, dass man nur einmal im Leben so viel Glück hat.

JAHRHUNDERTFLUT
UND DIE LOVELADYS

Auch unser Dorf stand tagelang unter Wasser: Fassungslos schauten die Einwohner auf das einstige Bootshaus des Kanuvereins Braunsdorf.

Nachdem ich mit meiner Familie 25 Jahre in drei verschiedenen Neubauwohnungen in Karl-Marx-Stadt beziehungsweise Chemnitz gewohnt hatte, wollte ich irgendwann nach der Wende raus aus der Platte. Wir hatten dort nie Not oder Ärger, im Gegenteil. Es gab aufmerksame, hilfsbereite Nachbarn, und die Größe unserer fernbeheizten Wohnungen wuchs parallel zur Größe unserer kleinen Familie. Für DDR-Verhältnisse hatten wir zuletzt zu dritt in einer Drei-Raum-Wohnung mit Südbalkon am Rande des Beimler-Wohngebietes mit Blick auf die Kuhweiden von Adelsberg eigentlich das große Los gezogen. Zudem hatte die Großstadt viele Vorzüge – von der Straßenbahn- und Bushaltestelle vor der Haustür bis hin zu ihrem breiten Kulturangebot. Trotzdem zog es vor allem mich irgendwann aufs Land. Mein Mann zeigte sich von meinen Plänen nicht sonderlich begeistert. Wäre es nach ihm gegangen, würden wir vermutlich noch immer in der Platte wohnen.

Ich aber quengelte, erst sanft, dann mit immer neuen Ideen. Adelsberg stand auf meiner Wunschliste ganz oben, da wären wir immer noch Bewohner von Chemnitz gewesen. Aber die Grundstückspreise explodierten dort in den 1990er-Jahren. Damit hatte sich der ländliche Stadtteil für uns erledigt. Eines

Tages fragte mich ein Bekannter, der zu DDR-Zeiten ein hohes Tier im damaligen Rat des Bezirkes Karl-Marx-Stadt war, ob ich immer noch Interesse an einem Bauplatz habe, er hätte einen heißen Tipp. Er fuhr mit mir über die östliche Stadtgrenze von Chemnitz nach Lichtenwalde, wo es dem Freistaat Sachsen noch immer nicht gelungen war, das seinerzeit desolate Schloss an einen privaten Investor zu verkaufen. Bis dorthin war mir alles vertraut. Dann bogen wir ab nach Braunsdorf. Den Ort kannte ich nicht, lediglich seine in Richtung Flöha gelegene, einst berühmte Weberei, die heute ein einmaliges Industriemuseum ist.

Wir stoppten in der Nähe eines alten Wasserturms. Überall waren rot markierte Holzpflöcke in den Boden eines Rapsfeldes gerammt. Das würden alles Baugrundstücke, sagte mein Bekannter, der sich ursprünglich auch dafür interessiert hatte. Er kannte sogar die beiden Bauträgergesellschaften, die die Flächen vermarkten würden.

Am selben Abend fuhr ich noch einmal an diese Stelle, diesmal mit meinem Mann. Der drehte sich dreimal im Kreis, ehe er sagte: »Wenn du unbedingt bauen willst, dann hier! Meine drei Prämissen sind erfüllt: die Lage, die Lage und nochmals die Lage.«

Kurz vor Weihnachten 1998 zogen wir um, aber es war kein Abschied von Chemnitz, wohin wir ja weiter täglich zur

Wir fühlen uns als Großstädter und als Dorfbewohner gleichermaßen.

Arbeit pendelten. Ich in die Hauptredaktion der »Freien Presse«, mein Mann in sein kleines DPA-Büro, das sich zunächst noch in der Karl-Liebknecht-Straße nahe dem Brühlboulevard befand, nach dem Jahr 2000 dann in einem sanierten Gründerhaus in der Uferstraße – am Rand des Lutherviertels.

Bis heute haben wir den Wohnortwechsel nicht bereut. Wir fühlen uns als Großstädter und als Dorfbewohner gleichermaßen. Wir genießen die manchmal quirlige Stadt und die Ruhe auf dem Land. Obwohl unser Haus an der höchsten Stelle des Ortes steht und damit keine Gefahr vom meist träge dahinfließenden Zschopaufluss droht, wurden wir dennoch bei der Jahrhundertflut 2002 Hochwasseropfer.

Innerhalb weniger Stunden war unser Dorf von der Außenwelt abgeschnitten, weil die Brücken beider Zufahrtsstraßen in der Zschopau versanken beziehungsweise mitgerissen wurden. Auch alle Stromleitungen waren tot, weil das Umspannwerk im benachbarten Frankenberg überflutet war. Damit funktionierten kein Telefon, kein Handyladegrät, kein Kühlschrank, die Tiefkühltruhe taute ab, und es gab kein Licht. Unser kleiner Dorfladen machte dicht, ebenso auf Zeit die legendäre Bahnhofsgaststätte, die alle nur »Emil« nannten. Der Hochsommer legte in jenen Augusttagen eine Pause ein, sodass uns am ersten Abend lediglich ein paar Kerzen Licht und etwas Wärme spendeten. Morgens nach Chemnitz zur Arbeit und abends zurück mussten wir ziemliche Umwege fahren: über die A 4 bis Frankenberg, über die Lützelhöhe Richtung Flöha und oben in Altenhain über einen Abzweig nach Braunsdorf. Das waren fast 40 statt der sonst elf Kilometer.

Wir hatten keine Vorstellung, wie lange das so gehen sollte. Die Abende waren alles andere als gemütlich, obwohl kein Wasser in unser Haus gedrungen war. Nach drei Tagen kam mir die rettende Idee. Das Büro meines Mannes und seines DPA-Kollegen in der Uferstraße befand sich in einer Wohnung, die mit Küche und Bad ausgestattet war. Hier gab es Badewanne, Kühlschrank, Herd, Radio und Fernsehen. Strom und Warmwasser funktionierten, sodass wir die nächsten Abende lieber in diesem Büro verbrachten. Ich konnte baden, und danach improvisierte ich am Herd wie in besten Zeiten.

Zum ersten Mal bekam ich in jenen Tagen bewusst mit, dass mein Mann in durchaus illustrer Gesellschaft arbeitete. Vor seiner Wohnungs- beziehungsweise Bürotür gab es einen winzigen Zwischenflur. Vom dem zweigte links eine weitere Wohnung ab. Sie hatte eine Klingel, aber kein Namensschild. In einem der Fenster zur Straße brannte jeden Abend ein rotes Lämpchen. Mir fiel ein, dass mein Mann einmal erzählt hatte, dass an seinem Büro ein Mittfünfziger geklingelt und gefragt hatte, ob hier die Loveladys wohnten. Er habe daraufhin geantwortet: »Sehe ich aus wie Loveladys? Klingeln Sie mal an der Nebentür.«

Ich spitzte an jenen Flutabenden im August 2002 mächtig die Ohren, bekam aber nichts von dem mit, was in der Wohnung abging. Ich sah auch keinen einzigen Freier. Dafür erinnerte ich mich, was ich einmal in einem Gerichtsprozess erfahren hatte, bei dem es um Wohnungsprostitution in Chemnitz ging und wie dafür immer wieder neue Frauen, oft aus Osteuropa, in die Stadt kamen. Nach geraumer Zeit zogen sie wie in einem Ringtausch in Wohnungen anderer deutscher Städte weiter. Allerdings spielte in jenem Prozess die Uferstraße keine Rolle.

Erst nach seiner Pensionierung erzählte mir ein langjähriger Beamter des Landeskriminalamtes Sachsen, dass Fahnder auch diese Adresse im Auge hatten. Die Wohnung gehörte wohl zum »Club der anonymen Liebesdienerinnen«, was das fehlende Namensschild und die vorhandene Klingel erklärt.

Die nachhaltigste Begegnung mit einer dieser Damen blieb meinem Mann (leider) erspart. Denn er war da gerade auswärts auf einem Fototermin. Eine hier beschäftigte Schwarzafrikanerin floh vor einem gewalttätigen Freier: ins DPA-Büro nebenan. Sie war fast nackt, trug lediglich ein grobmaschiges Netzhemdchen. Deshalb reichte ihr die anwesende Redakteurin ein paar Zeitungen und ein Tuch zum Bedecken ihrer Blöße. Zurück in ihre Wohnung konnte sie die Frau nicht bringen, denn sie hatte sich in der Hektik ausgeschlossen. Der Redakteurin blieb nichts anderes übrig, als einen Schlüsseldienst zu rufen. Der staunte nicht schlecht ...

DER MIT DEN DICKEN WEIBERN

Der Chemnitzer Künstler Karl-Heinz Richter mit seinen dicken Weibern.

Das Schöne an meinem Journalisten-Beruf ist, dass man immer wieder neuen interessanten Menschen begegnet. Hunderte waren es im Lauf der Jahrzehnte. Diesen Mann, von dem ich jetzt erzähle, kannte ich lange, bevor ich ihn persönlich kennenlernte. Immer wenn ich in den vergangenen mehr als 30 Jahren über den Chemnitzer Markt gebummelt oder zu einem Termin ins Rathaus gehetzt bin, habe ich einen Blick in die Schaufenster der Schmidt-Rottluff-Galerie geworfen. Einfach um nach den dicken Weibern zu sehen, die hier seit Anfang der 1990er-Jahre sozusagen einen Stammplatz haben. Von wem die drallen Damen aus Ton stammten, wusste ich von meinem Mann, der den Schöpfer Karl-Heinz Richter – genannt Karli – schon lange vor mir gut kannte: durch dessen Arbeit im Verband Bildender Künstler, in den er als Autodidakt 1987 aufgenommen worden war.

Im Laufe der Jahre schenkte mir mein Mann zu Geburtstagen oder zu Weihnachten immer mal eine Kunst aus der Werkstatt von Karli: einen kleinen schwebenden Engel, eine Vase, ein Aquarell, eine Kohlezeichnung, eine Badende in der Wanne zusammen mit einem Typen, der mich bis heute täglich an Loriots Müller-Lüdenscheid erinnert.

Als Karl-Heinz Richter Anfang 2016 auf seinen 70. Geburtstag zusteuerte, lud ich mich kurzerhand in sein Atelier ein, um über ihn eine größere Geschichte für die Zeitung zu schreiben. Erst wollte er mich gar nicht empfangen, weil er den runden Geburtstag definitiv nicht feiern wird, meinte er. »Älter werden ist einfach scheiße. Da kann mir keiner was anderes erzählen. Man bekommt vor Augen geführt, wie endlich das Leben ist«, machte sich Karli damals zunächst am Telefon Luft. Dann durfte ich ihn aber doch besuchen. Das Atelier kennen nur Freunde und Eingeweihte. Es besteht aus zwei barackenähnlichen Gebäuden und liegt auf dem Gelände des Sportforums im Stadtteil Reichenhain. Beim Betreten fiel mir sofort der Spruch ein: Nur das Genie beherrscht das Chaos.

Ich durfte auf einem alten Sofa zwischen vielen dicken, teils leicht bekleideten und sich lasziv räkelnden Damen Platz nehmen. Nicht ahnend, dass meine Hose hinterher aussehen würde, als hätte ich mich in einer Backstube aufgehalten.

Karl-Heinz Richter wirkte ein wenig hektisch. Mit jeder Zigarette, die er sich reinzog, wurde er ruhiger und gesprächiger. Nach der dritten schmiss er die leere Schachtel »Duett« mit den Worten in die Ecke: »Das war die letzte!« Bestimmt 50-mal habe er sich so schon das Rauchen abgewöhnt. Aber es funktionierte nie. Bis heute nicht.

Dann erfuhr ich, wer dem Karli zum Durchbruch auf dem Kunstmarkt verholfen hatte: der in Chemnitz aufgewachsene Maler, Autor und Kunstsammler Lothar-Günther Buchheim. Als der 1992 Ehrenbürger der Stadt Chemnitz wurde, soll er an jenem Tag über den Markt gebummelt und vor der Schmidt-Rottluff-Galerie stehen geblieben sein. In einem Schaufenster saßen jede Menge dicke Weiber, wie Buchheim später erzählte. Er ging rein in den Laden und erkundigte sich, von wem die drallen Damen aus Ton stammten. Der Name Karl-Heinz Richter sagte ihm nichts. Weil dem Kunstsammler aus Bayern die Plastiken aber gefielen, setzte er sich mit dem Chemnitzer Bildhauer in Verbindung und lud ihn in seine Villa ins bayerische Feldafing ein.

Er sei da mit einem komischen Gefühl hingefahren, weil der Buchheim als nicht gerade einfach galt, erzählte mir Karli Jahre später. Umso mehr überrascht habe ihn, wie sehr Buchheim die üppigen Plastiken gefielen. Seine Begeisterung habe er 1994 sogar in einem Magazin beschrieben: »Endlich mal einer, der wirklich und tatsächlich in die Vollen geht, wie sich das eigentlich für alle Bildhauer gehören würde. Diese Frauen wollen nicht auf den Laufsteg, wollen keine Aerobic und keinen Bauchtanz. Die wollen Torte! Holländisch-Kirsch, Sachertorte und Pralinen natürlich auch!«

Ob es dieses Plädoyer für pralle Damen war, das Karl-Heinz Richter zunächst über Sachsen und dann auch über Deutschland hinaus zu Bekanntheit verhalf, weiß Karli nicht. »Es war für mich jedenfalls ein großer Gewinn, Buchheim kennengelernt zu haben. Und sicher hat er mir Türen geöffnet«, glaubt der Chemnitzer. Als am Starnberger See – nach dem Scheitern entsprechender Pläne in Chemnitz – ein Museum für Buchheims umfangreiche

Diese Frauen wollen nicht auf den Laufsteg, wollen keine Aerobic und keinen Bauchtanz. Die wollen Torte!

Kunstsammlung gebaut wurde, erhielten auch zwei lebensgroße Richter-Figuren dort dauerhaft einen Platz. Aus einer ersten, eher zufälligen Begegnung wurde ein fast freundschaftliches Verhältnis, das bis zum Tod Buchheims 2007 währte.

Ich versuchte in unserem Gespräch natürlich herauszufinden, warum Karlis Frauen immer von beeindruckendem Leibesumfang sind. Beine wie Baumstämme, ausladende Hinterteile: Rubens' Frauen nehmen sich daneben fast magersüchtig aus. Wenn Richter dann seine Frauen auch mal mit feinen Pinselstrichen anzieht, haben die Kleider meist ein tiefes Dekolleté, »damit die Formen besser zur Geltung kommen«, verriet mir der Künstler. Anfangs hätten einige Leute gesagt: »Wie kann man nur so fette Weiber machen?« Und in der Tat sei es in den ersten Jahren ein zähes Geschäft gewesen. »Aber es gibt für einen Bildhauer nichts Schöneres als runde Formen, Hügel und Täler«, verrät Karli. Er habe nie versucht, Dünne zu machen. Und inzwischen sei er ja festgelegt auf die Dicken. Nur die erwarte man von ihm.

Dass der gebürtige Halberstädter, der seit etlichen Jahren mit einer schlanken Keramikmalerin liiert ist, seinen Lebensunterhalt mit ausladenden Hüften und prallen Oberschenkeln verdienen würde, wurde erst klar, als er schon mehr als 40 Jahre alt war. Zwar hatte er zu DDR-Zeiten im Porzellanwerk Colditz einen artverwandten Beruf erlernt, den eines Keramformers, aber nie darin gearbeitet. Er studierte danach in Zwickau Pädagogik und arbeitete 20 Jahre als Lehrer. Als die damalige Technische Hochschule Karl-Marx-Stadt einen Leiter für ihren Keramikzirkel suchte, wechselte Richter erneut das Fach. Das

Marx oder Madam? Hätten »Bilderstürmer« 1990 Karl Marx vom Sockel geholt, dann wäre Karl-Heinz Richter mit dieser Alternative für das Monument gekommen. Die Fotomontage nach Richters Idee stammt von Wolfgang Thieme.

Bildhauerische brachte er sich selbst bei. Anleitung gab ihm der aus dem Erzgebirge stammende Bildhauer Harald Stefan, dessen Plastiken bis heute das Stadtbild von Chemnitz prägen.

Karli sagt nie über sich, er sei Künstler. Darüber mögen andere urteilen. Aber seit fast 30 Jahren werden seine großen und kleinen Arbeiten gut gekauft. Obwohl er langsam auf die 80 zusteuert, geht er noch jeden Tag in sein Atelier, auch an den Wochenenden. Arbeit ist für ihn keine Last, sondern Freude. Gern sitzt er auch mal in seinem Stammcafé in der Innenstadt und beobachtet die Leute: wie jemand vorbeispaziert oder am Nebentisch Kuchen isst. Im Studio versucht er dann, seine Beobachtung zuzuspitzen. Die Kunst dabei sei, dass die Frauen nicht gequält, sondern heiter aussehen. »Jede ist einmalig, ein Unikat – wie die Frauen im richtigen Leben. Und die wiederum sollen sich durch meine Arbeit in ihren Schwächen bestärkt fühlen«, philosophiert der Bildhauer.

In vielen Städten und Einrichtungen hat Karli inzwischen Bleibendes hinterlassen. In Riesa steht ein Sumo-Ringer. In der Chemnitzer Markthalle schwebt eine Seiltänzerin. Im hiesigen Kabarett begrüßt eine seiner Frauen die Gäste. Vor dem MDR-Gebäude in Leipzig zieht eine lebensgroße Richter-Plastik die Blicke der Passanten auf sich. Im fränkischen Fürth wurde ein Brunnen mit Richter-Figuren eingeweiht. In einer Hausarztpraxis in meinem Wohnort empfängt eine gut gekleidete Richter-Dame so vornehm die Patienten, dass einem gleich die Beschwerden vergehen.

Eine geniale Idee konnte der Bildhauer nie umsetzen. Als in den 1990er-Jahren immer mal wieder die Forderung aufkam, der berühmte Marx-Nischel in der Brückenstraße müsse weg, überlegte sich Karli eine Alternative. Er dachte sich für den dann vielleicht kopflosen Sockel des Monuments eine barbusige Frauenbüste aus. Mein Mann setzte das Projekt für ihn am Computer um. Realität wurde es nie. Buchheim kommentierte es mit den Worten: »Geschlechtsumwandlung gelungen!« Marx hielt allen Anfeindungen stand. Die Vollbusige hatte das Nachsehen.

Je besser ich Karli in den vergangenen Jahren kennengelernt habe, um so mehr wurde ich zum Fan seiner Kunst. Da war es nur eine Frage der Zeit, dass sich zumindest im Sommer bei mir im Garten eine seiner dicken Frauen in der Sonne räkeln kann. Auch zur Freude vieler Passanten und Wanderer, die dann gern für einen Moment verweilen.

FASZINATION UND
SCHRECKEN AUF GIGLIO

Die »Costa Concordia«, wie sie im Juni 2012 mit 65 Grad Schräglage auf einem Felsen vor der Insel Giglio hing.

Es ist schon ein bisschen verrückt: Wenn sich irgendwo auf der Welt ein Eisenbahn-, Schiffs-, Bus- oder Seilbahnunglück, ein Flugzeugabsturz, eine spektakuläre Entführung oder ein Bergsteigerdrama an einem Achttausender ereignet, sind gefühlt fast immer auch Sachsen betroffen. Sicher, der Sachse liebt das Reisen sehr. Das hatte schon der gebürtige Treuener Jürgen Hart 1979 in seiner erfolgreichen Sachsenhymne geträllert. Dabei gab es das Land Sachsen da schon seit 27 Jahren gar nicht mehr. Und es war damals auch nicht abzusehen, dass zehn Jahre später für uns auf einen Schlag die ganze Welt offenstehen und die DDR untergehen würde. Bis heute scheint die Reiselust der Sachsen und vor allem auch der Chemnitzer ungebrochen. Der Chemnitzer Extrembergsteiger Jörg Stingl kann ebenfalls ein Lied davon singen.

Wo immer ich mit meinem Mann unterwegs bin, treffen wir auf Landsleute. Das war selbst am einsamsten Küstenabschnitt auf der Insel Sardinien so, in einem unbebauten Naturschutzgebiet, in dem der damalige Bürgermeister von Claußnitz in Sichtweite von uns campte. Oder in Saudi-Arabien, als eine Touristin zu mir sagte: »Ihr Dialekt klingt, als kämen Sie aus der Region Chemnitz. Ich wohne im Stadtteil Ebersdorf.« Wie hatte doch mein Dozent im Fach Sprecherziehung 1975 gesagt: »Man wird immer hören, woher Sie kommen.« Auf der Seychellen-Insel Praslin war es eine Freibergerin, die wir wiederum an ihrem Dialekt identifizierten. Sie hatte dort ihr Herz an einen Einheimischen verloren.

Wer die Welt bereist, setzt sich natürlich immer auch gewissen Risiken aus. Wir blieben von Katastrophen jeglicher Art bisher zum Glück verschont, von ein paar schweren Gewittern einmal abgesehen, obwohl uns da in der Hohen Tatra sogar die Haare zu Berge standen.

Nachhaltig in Erinnerung geblieben ist mir bis heute, wie am 13. Januar 2012 das Kreuzfahrtschiff »Costa Concordia« mit 4229 Passagieren an Bord vor der italienischen Mittelmeerinsel Giglio auf Grund lief – obwohl ich nicht dabei war und auch nicht beabsichtige, jemals in einem solchen schwimmenden Hochhaus Urlaub zu machen. Zu den Reisenden gehörten damals 566 Deutsche, von denen zwölf ertranken. Insgesamt verloren 32 Schiffsinsassen ihr Leben. Zu den überlebenden Passagieren jener verhängnisvollen Nacht gehörte ein Ehepaar aus Chemnitz. Es war die erste Kreuzfahrt ihres Lebens. Der Mann hatte geistesgegenwärtig einiges von dem, was sich in der Panik an Bord abspielte, mit der Videokamera festgehalten und spielte es nun für mich und meinen geplanten Zeitungsbeitrag ab. Zu hören war auch die unglaubliche erste Durchsage, die um 21.54 Uhr in mehreren Sprachen ertönte: »Wegen eines technischen Problems haben wir gerade einen Blackout. Unsere Techniker arbeiten schon daran. Wir haben alles unter Kontrolle.« 36 Minuten später ertönte das Hornsignal zur Evakuierung des Schiffes. Die beiden Chemnitzer hatten Glück: Sie kamen zusammen mit 150 Passagieren im dritten Rettungsboot unter und erreichten in jener Januarnacht nur 300 Meter weiter Giglio Porto, den kleinen Hafen der Insel.

Ich kannte Giglio, ohne je dort gewesen zu sein. Der 2011 erschienene Thriller »Nachtprinzessin« der Berliner Autorin

Wo immer ich mit meinem Mann unterwegs bin, treffen wir auf Landsleute.

Sabine Thiesler kommt einer Liebeserklärung an das Juwel im Mittelmeer gleich. Trotz der schrecklichen Ereignisse, die sich in ihrem Buch auf der Insel ereignen, beschreibt sie den Archipel so wunderbar und anschaulich, dass man nur noch einen Wunsch verspürt: hier einmal Urlaub zu machen. Dabei gibt es auf Giglio gerade einmal drei Ortschaften mit 1000 Einwohnern, verbunden durch 14 Kilometer Straßen, dazu 29 markierte Wanderrouten. Am Ende eines Weges, auf einer Klippe über dem Meer, ereignen sich im Buch zwei brutale Morde. Dort wollte ich hin, diese Stelle finden. Noch bevor unsere Pläne konkret wurden, havarierte die »Costa Concordia«.

Mein Mann und ich beschlossen, im Juni 2012 mit dem Wohnmobil die Toskana zu bereisen und für zwei oder drei Tage mit der Fähre auf Giglio überzusetzen. Zum einen wollten wir die Insel erkunden und den Tatort aus Sabine Thieslers Krimi finden, zum anderen den Ozeanriesen sehen, der inzwischen seit mehr als fünf Monaten mit 65 Grad Schlagseite an einem Felsen im Meer lag.

Die »Costa Concordia« konnte man schon sehen, lange bevor unsere Fähre die Insel erreichte. Von weitem glich das 290 Meter lange Schiff einer großen weißen Halle, der einer Werft, dachte ich. Je näher wir kamen, um so bedrückender wirkte das Wrack, durch dessen Rumpf sich schon der Rost fraß, obwohl auf dem Deck noch nicht einmal die Rutschen des Swimmingpools demontiert waren. Wir hatten uns auf dem einzigen Campingplatz der Insel sicherheitshalber angemeldet. Zusammen mit einem Schweizer Ehepaar waren wir dort überraschend als Urlauber ganz allein.

Die Insel war noch viel schöner, als wir erwartet hatten. Wir blieben nicht drei, sondern 14 Tage, kannten am Ende jeden Wanderweg bis in 500 Meter Höhe und haben jeden Abend fasziniert zugeschaut, wie die Sonne zwischen den Inseln Elba und Monte Christo im Meer versank. Selbstverständlich haben wir auch immer wieder die Taucher und Bergungsteams bei ihrer Arbeit beobachtet, die Fähren, die schaulustige Tagesausflügler vom Festland ausspuckten und die abends wieder weg waren. Ich habe mich mit der Tourismuschefin von Giglio getroffen, die sich immer gewünscht hatte, dass ihre Insel mehr Aufmerksamkeit bekommt, bekannter wird. Nun kannte Giglio jeder, aber eben durch ein sehr tragisches, eher abschreckendes Ereignis.

Wir fanden in etwa die Stelle, an der sich die zwei fiktiven Morde aus dem Thiesler-Buch ereignet hatten. Aber vielleicht bildeten wir uns auch nur ein, dass wir am richtigen Ort waren. Es gab einfach zu viele Wege und zu viele Klippen.

Als ich mich dann im Januar 2013, also ein Jahr nach der Schiffskatastrophe, mit den Chemnitzer Eheleuten für einen Beitrag zum ersten Jahrestag des Unglücks traf, konnte ich ihnen erzählen, wie schön die Insel ist. Sie hatten davon in jener verhängnisvollen Nacht absolut nichts mitbekommen, wussten auch nicht, dass Giglio schon 1989 zum Nationalpark erklärt worden war und dass man seit 50 Jahren dort kaum neu gebaut, sondern lediglich sanft saniert hatte.

Ich verstehe, dass man an einen Ort, an dem man in Todesangst geschwebt hat, nicht zurückkehren möchte. Die 9000 Gästebetten, die es damals auf der Insel gab, blieben im ersten Sommer nach dem Unglück weitgehend leer. Lediglich Tagestouristen kamen in Scharen. Vor allem Taucher befürchteten, dass Dieseltreibstoff das Meer verunreinigt haben könnte. Das passierte zum Glück nicht. Vielmehr schafften es die Spezialisten der Bergungsteams, mehr als 2000 Tonnen Diesel sowie sämtliches Abwasser aus dem Kreuzfahrtschiff so abzupumpen, dass nichts ins Meer gelangte. Doch erst eineinhalb Jahre nach dem Unglück gelang es, das Wrack in einem aufwendigen Manöver in den Hafen von Genua abzuschleppen, wo es schließlich verschrottet wurde.

Der für das Unglück verantwortliche Kapitän Francesco Schettino, der auch noch als einer der Ersten von Bord gegangen war, wurde 2015 wegen fahrlässiger Tötung zu 16 Jahren Haft verurteilt, die er nach mehreren Revisionsversuchen 2017 antreten musste. Er hatte sein Schiff mit zu geringem Abstand an der Insel vorbeimanövriert, dabei einen Felsen im Meer gerammt, der den Rumpf des Ozeanriesen auf 70 Metern Länge aufschlitzte.

Das Chemnitzer Ehepaar hat den Prozess gegen den aus Neapel stammenden Kapitän, so weit es möglich war, verfolgt. Im Gegensatz zu einigen anderen Passagieren hat die Horror-Kreuzfahrt bei ihnen keine psychischen Schäden hinterlassen, obwohl sie beim nächsten Türkei-Urlaub mit weichen Knien ihr Flugzeug bestiegen. Das Paar unternahm in den Folgejahren noch fünf Kreuzfahrten – ohne Zwischenfälle. Die weiteste brachte sie von Dubai nach Tokio.

DER STAATSANWALT
ERMITTELT GEGEN THIEME

**Staatsanwaltschaft
Chemnitz**

Staatsanwaltschaft Chemnitz, Gerichtsstraße 2, 09112 Chemnitz

Frau
Gabriele Thieme
▬▬▬▬▬▬▬▬
▬▬▬▬▬▬

Chemnitz, 19. November 2013/▬▬
Telefon: 0371 ▬▬▬▬
Telefax: 0371 ▬▬▬▬
Bearb.: Herr Oberstaatsanwalt ▬▬
Aktenzeichen: ▬▬▬▬

(Bitte bei Antwort angeben)

Ermittlungsverfahren gegen Sie

      wegen übler Nachrede

Sehr geehrte Frau Thieme,

in dem oben genannten Verfahren habe ich mit Verfügung vom 14.11.2013 folgende Entscheidung getroffen:

   Das Ermittlungsverfahren wird gemäß § 170 Abs. 2 StPO eingestellt.

Es hat sich herausgestellt, dass Sie unschuldig sind.

Auszug aus dem letzten Schreiben der Staatsanwaltschaft Chemnitz.

Wenn zwei Menschen oder auch Tiere miteinander Geschlechtsverkehr haben, dann heißt es umgangssprachlich, sie vögeln oder sie poppen. Es gibt dafür auch noch dieses vulgäre F-Wort, das hierzulande sogar in einem gängigen Familiennamen fortlebt. Ich gebe zu: Wenn ich so hieße, würde ich einen Antrag auf Namensänderung stellen oder so schnell wie möglich einen Müller, Schulze oder Meier heiraten. Aber für seinen Namen kann ja schließlich keiner!

So auch nicht jener Mann, den ich immer wieder bei diversen Gerichtsverhandlungen in Chemnitz, Aue und Zwickau traf, zu dem aber sein Nachname passt, als wäre er Programm. Er war weder Richter noch Gutachter, sondern immer der Angeklagte. Doch im Unterschied zu vielen anderen Prozessen, wo ich meist brutalen Mördern und Totschlägern gegenübersaß, konnte ich über diesen angeklagten Herzensbrecher und Betrüger oft nur den Kopf schütteln und schmunzeln. Die Boulevardpresse machte ihn schnell zu Deutschlands berühmtestem Heiratsschwindler, was nicht ganz stimmte, weil es nie zu einer Hochzeit mit einer der betrogenen Frauen kam. Ich lernte sogar eine Frau aus Österreich kennen, die glaubte, sie habe im Internet den Notarzt Dr. Stiller aus Bad Reichenhall kennengelernt. Mit ihr mietete sich Herr F. in einem Hotel im Erzgebirge ein, ohne die Rechnung zu bezahlen. Um 12.000 Euro prellte er diese Gertrud S., die später von ihm sagte: »Bei dem geht a Radel verkehrt.«

Ich weiß nicht mehr, über wie viele Jahre hinweg ich das Treiben dieses Mannes verfolgt habe, wie viele Frauen mir ihre Geschichten erzählten und in wie vielen Gerichtsverhandlungen ich ihm begegnet bin.

Dafür erinnere ich mich aber sehr genau an die letzte: im August 2013. Eine attraktive Bauingenieurin aus Chemnitz hatte den damals 58-Jährigen angezeigt und vor den Kadi gebracht. Nicht wegen der Hochzeitspläne in Las Vegas, die er ihr vorgegaukelt hatte. Auch nicht wegen einer erfundenen Reportagereise durch Schottland im Auftrag des ZDF, sondern weil er sie in ihrer eigenen Wohnung beklaut hatte. Sämtliche Weinflaschen aus ihrem Keller waren verschwunden, dazu fehlten 350 Euro, 150 US-Dollar sowie 15 silberne Münzen aus einem Album. Der gebürtige Erzgebirger bestritt alles und holte vor den Richtern gleich noch zu einem verbalen Feldzug gegen die Medien aus, die nur Lügen über ihn verbreiten würden. Der Richter zeigte sich wenig beeindruckt. Wir Journalisten kannten diese Leier schon. Wir waren es, die ihm sein Leben versauten. Aber ich gebe zu: Wir kamen immer wieder gern in die Verhandlungen gegen ihn. Seine Selbstverteidigung war bühnentauglich.

Diesmal kramte der Angeklagte F. zwei Belege für seine Glaubwürdigkeit hervor. Er legte dem Richter einen Medienpreis vor, den er zusammen mit anderen Gefängnisinsassen 2009 für einen in der JVA Dresden gedrehten Film erhalten hatte – unterschrieben vom damaligen sächsischen Kultusminister Roland Wöller. Auch den Vertrag mit seinem einstigen Auftraggeber über ein Buch, das er im Gefängnis »über die Lügen der Frauen« geschrieben haben wollte, übergab Herr F. dem Gericht. 1700 Seiten habe er verfasst, von den verein-

Seine Masche war durchschaubar wie glasklares Wasser.

barten 10.000 Euro Honorar aber nichts erhalten. Komischerweise bekam auch das Buch nie jemand zu Gesicht. Lediglich die »Bild«-Zeitung hatte einmal ein Foto gedruckt, das den selbsternannten Schriftsteller hinter Gittern an einer Schreibmaschine zeigte. Das Gericht glaubte dem Angeklagten dennoch nicht. Nur er konnte die Chemnitzerin bestohlen haben, weil nur er ihren Wohnungsschlüssel besaß. Er musste – wieder einmal – ins Gefängnis einziehen.

Ich bekam einige Wochen später einen Brief von der Staatsanwaltschaft Chemnitz: dass nun gegen mich ermittelt werde – »wegen übler Nachrede, Verleumdung, Nachstellung und anderer in Betracht kommender Delikte«. Zum Glück saß ich an meinem Schreibtisch, als ich diese Zeilen las. Ich kam mir vor wie in einer verkehrten Welt.

Herr F. hatte seine Anzeige bei der Staatsanwaltschaft damit begründet, dass ich über die »Freie Presse« seit 2007 wider besseres Wissen verbreiten würde, er sei Deutschlands berühmtester Heiratsschwindler, der mehr als 16 Frauen betrogen hätte. Dumm nur, dass in dem Artikel vom August 2013, auf den er sich bezog, davon kein Wort stand. Da ging es einzig und allein um die betrogene Bauingenieurin. Die Schicksale anderer geprellter Frauen, zum Beispiel aus Schwarzenberg, Bobritzsch und Annaberg-Buchholz, hatte ich Jahre früher thematisiert, als die dem Erzgebirgs-Casanova endlich auf die Schliche gekommen waren und ihn angezeigt hatten.

Er war mehrfach rechtskräftig verurteilt worden. Trotzdem führte Herr F. auch gegen die zuvor Angebeteten juristische Feldzüge, wohl um sie zumindest zeitweise einzuschüchtern. Oder um sich zu rächen? Ich schrieb oft und viel über ihn, nicht zuletzt, um andere Frauen zu warnen. Seine Masche war durchschaubar wie glasklares Wasser. Trotzdem fielen einsame Herzen immer wieder auf ihn herein. Beinahe sogar eine sehr enge Vertraute von mir.

Nun also war ich sein Opfer. Die Leipziger Anwaltskanzlei, die die »Freie Presse« in solchen Streitfällen vertrat, nahm sich der Sache an. Ich sollte erst einmal gar nichts tun. Trotzdem beschäftigte mich die Unverfrorenheit dieses Mannes mächtig. Er stammte aus einer angesehenen Unternehmerfamilie, die verständlicherweise um ihren Ruf fürchtete. Ich hatte seine Mutter und seine Brüder vor Gericht im Zeugenstand erlebt. Ich weiß nicht, ob oder inwieweit er am Firmenvermögen beteiligt war. In jedem Fall gab er als Beruf immer EU-Rentner an, was nichts mit der Europäischen Union zu tun hat, sondern bedeutet, dass er von Erwerbsunfähigkeitsrente lebte. Seit vielen Jahren schon. Nun sollte ich schuld sein, dass er an einem posttraumatischen Belastungssyndrom leidet, was wiederum einem schweren Eingriff in seine körperliche Unversehrtheit gleichkommt. Alle Achtung! Da hatte sich der geschiedene EU-Rentner aber allerhand Wissen angelesen.

Zwei Monate nach der Anzeige bekam ich wieder Post vom Staatsanwalt: Das Ermittlungsverfahren gegen mich wegen übler Nachrede sei eingestellt worden. »Es hat sich herausgestellt, dass Sie unschuldig sind«, hieß es nun.

Später erfuhr ich, dass Herr F. seinen Aktionsradius erneut erweitert hatte, unter anderem bis in die Sächsische Schweiz. Wie erfolgreich er dort war, weiß ich nicht. In jedem Fall gab es wieder ein Gerichtsverfahren, das ich jedoch nicht verfolgen konnte, weil ich genau zu dieser Zeit im Urlaub war. Irgendwann zog der Mann fort aus Annaberg-Buchholz. Jetzt lebt er in einer anderen Kleinstadt im Erzgebirge. Am Klingelschild steht dort neben seinem noch ein zweiter Familienname. Ist das die Neue?

DIE HOBBYKRIMINALISTIN

Immer auf Spurensuche – als Journalistin mit Faible für Kriminelles.

Als ich Ende 2018 nach fast 30 Jahren Zeitungsarbeit vor der versammelten »Freie Presse«-Mannschaft in den Ruhestand verabschiedet wurde, musste »mein« mittlerweile fünfter Chefredakteur noch eine Frage loswerden. Er könne sich einfach nicht erklären, woher mein Faible für Kriminelles rührt, sagte er – wohlwissend, dass ich all die Jahre als Journalistin über die spektakulärsten Verbrechen in Sachsen geschrieben hatte. Ich sagte ihm in diesem Moment nicht, dass ich bereits in der siebten Klasse Kriminalistin werden wollte. Ich las schon zu jener Zeit gern Krimis. Wenn einer im DDR-Fernsehen lief, schaute ich den an – und ermittelte mit. Westfernsehen sahen meine Eltern nicht.

Einmal wurde ich in dieser Zeit abends auf dem Heimweg in Aue von einem Entblößer belästigt. Ich rannte im Dunkeln um mein Leben. Meine Mutter ging mit mir zur Polizei, um Anzeige zu erstatten. Ich habe von dem »Vorgang« nie wieder etwas gehört.

Aber nicht deshalb war mein Berufswunsch nur von kurzer Dauer. Alle Erwachsenen in meinem Umfeld meinten, ich hätte als Frau bei der Kripo sowieso keine Chance und würde nur in einer Schreibstube landen. Die wahren Ermittler wären immer Männer. Daraufhin begrub ich die Idee.

Als ich ab der neunten Klasse die Erweiterte Oberschule in Schneeberg besuchte, sahen meine Eltern in mir schon die angehende Ärztin. Ich ahnte dagegen bald, dass daraus nichts wird. Ich konnte mich einfach nicht mit dem Fach Chemie anfreunden und wählte es nach der zehnten Klasse ab. Stattdessen fixierte ich mich auf Fremdsprachen und verstieg mich kurzzeitig auf die Idee, Richterin zu werden. Schließlich hatte ich schon immer einen ausgeprägten Gerechtigkeitssinn und hielt das für die beste Voraussetzung. Wenn ich als Frau schon keine Mörder jagen durfte, dann wollte ich wenigstens über sie richten.

Wieder bekam ich nur Bedenken zu hören: Das Studium sei extrem schwer und vor allem langweilig. Über Jahre müsse man Paragrafen büffeln. Und: Nach der Ausbildung wäre längst nicht klar, dass man dann als Richterin arbeiten kann. Genauso gut könnte ich als Staatsanwältin oder Rechtsanwältin eingesetzt werden. Letzteres wollte ich um keinen Preis. Verbrechern zur Seite stehen? Das kam für mich überhaupt nicht infrage. Außerdem konnte ich mir nicht vorstellen, wie in der DDR ein Rechtsanwalt gegen die Staatsobrigkeit hantieren sollte. Also verwarf ich auch diesen Plan.

Zum Ärger meiner Lehrer, die in mir die ideale Lehrerin sahen, und erneut gegen viele Widerstände entschied ich mich für ein Journalistikstudium. Nur 150 bis 200 Bewerber aus der gesamten DDR wurden damals pro Jahrgang in Leipzig an der Universität immatrikuliert. Nach einem vorgeschalteten einjährigen Volontariat wurde ich im Herbst 1972 für vier Jahre Leipzigerin auf Zeit. Im dritten Studienjahr begann eine Art Spezialisierung. Weil ich mir alle Wege offenhalten wollte, mir später auch eine Arbeit beim Rundfunk oder Fernsehen vorstellen konnte, schrieb ich mich für einen Kurs in »Sprecherziehung« ein. Ich sprach zwar nicht den Erzgebirgsdialekt meiner Heimat, aber auch kein Hochdeutsch. Nach den ersten Unterrichtswochen meinte der Dozent: »Sie geben sich wirklich große Mühe. Aber man wird immer hören, dass Sie aus Aue stammen.« Trotz dieser niederschmetternden Ansage hielt ich das ganze Semester durch, brach dann aber diese Ausbildung ab.

Mein Lieblingsfach wurde Psychologie. In dem Fach schrieb ich auch meine Diplomarbeit. Allerdings ging es damals nicht um Verhaltensauffällige oder gar Kriminelle, sondern darum, wie Zeitungsbeiträge geschrieben sein sollten, damit der Leser sie überhaupt bis zum Ende liest und dann auch noch möglichst viel vom Inhalt im Gedächtnis bleibt. Ich experimentierte dazu mit Elftklässlern in Karl-Marx-Stadt auf dem Kaßberg in der Hohen Straße, ohne zu ahnen, dass ich in dieser Stadt fast mein gesamtes Berufsleben verbringen würde. Und dass ich ausgerechnet im Gebäude neben der Schule, im Landgericht, erschütternde Stunden und Tage erleben sollte.

Ich habe mich nie um die Rolle der Polizei- und Gerichtsreporterin bemüht. Vielmehr wurde ich hineingedrängt, weil das in der ersten Hälfte der 1990er-Jahre niemand in der Redaktion machen wollte. Das war Neuland. Eigentlich begann es mit dem Torso-Fund am Adelsberg 1993, um den ich mich kümmern sollte. Ein männlicher Rumpf, ohne Kopf, Arme und Beine in einer angekokelten Sporttasche! Würde jetzt

---

»Sie geben sich wirklich große Mühe. Aber man wird immer hören, dass Sie aus Aue stammen.«

---

doch noch mein kriminalistisches Faible zum Zug kommen? Jedes Jahr landete fortan mindestens ein Fall von Mord oder Totschlag auf meinem Schreibtisch. Immer mit den gleichen Bemerkungen meiner Chefs: »Du hast doch gute Kontakte zur Polizei. Kümmere dich mal um die Geschichte. Versuche mehr herauszukriegen, als in der Pressemitteilung steht.« Der letzte Satz war überflüssig.

In der Tat hatte ich wirklich gute Kontakte zu einigen Ermittlern aufgebaut. Denn im Unterschied zu DDR-Zeiten gaben die sich sehr offen. Während bis 1989 fast nichts über schwere Verbrechen bekannt wurde, ging man nun mit vielen Fakten schnell an die Öffentlichkeit. Zum einen, um zu zeigen, dass nichts vertuscht oder verheimlicht wird. Zum anderen, weil die Polizei oft auf Hinweise aus der Bevölkerung angewiesen ist. Ich selbst fühlte mich irgendwie als Bindeglied und schuf mir in dieser Zeit ein Netzwerk an Informanten. Die wiederum wussten, dass ich mich an Absprachen hielt. Wenn mir der Chef der Mordkommission zum Beispiel sagte, dass bestimmte Details nur für meinen Hinterkopf bestimmt waren, dann behielt ich dieses Wissen für mich. Ich sprach nicht einmal mit meinem Mann darüber.

Im Unterschied zu heute konnte ich damals meine Vertrauten bei der Polizei direkt anrufen. Von einigen hatte ich sogar die privaten Telefonnummern, die ich aber wirklich nur im absoluten Ausnahmefall nutzte. Zum Beispiel als im September 1994 im Leipziger Süden nach einem anonymen Hinweis unter einem Gullydeckel menschliche Knochen gefunden wurden. Die Chemnitzer Kripo wollte damals ganz sicher gehen, dass sie wirklich von einem seit acht Monaten verschwundenen Jungen aus Lößnitz stammten, und verhängte zunächst eine Nachrichtensperre. Allerdings hielt sich die Staatsanwaltschaft in Leipzig nicht an die Absprache. Sie gab tags darauf, an einem Sonntag, eine Pressemitteilung heraus, wonach die

Knochen wahrscheinlich auf den gesuchten Viertklässler aus dem Erzgebirge deuten.

Ich hatte an besagtem Sonntag Dienst und traute meinen Augen nicht. Sollte ich diese wenigen Zeilen jetzt so in die Zeitung bringen? Ich fasste mir ein Herz und rief den Leiter der Mordkommission zuhause an. Nachdem er sich wie immer ohne Namen, sondern mit seinem »Ja, bitte?« gemeldet hatte, glaubte ich, er falle im nächsten Moment in Ohnmacht. Er hatte keine Ahnung, dass und warum die Leipziger Justizbehörde derart vorgeprescht war. In seiner durch den Telefonhörer wahrnehmbaren Wut erzählte er mir die Geschichte. Ich besprach mit ihm genau, was für eine Veröffentlichung taugte. Vor allem wollte er nicht, dass die Eltern des Jungen die grusligen Details zuerst aus der Zeitung erfahren.

Ich habe diesen und andere persönliche Kontakte nie ausgenutzt, aber sie haben mir bei meiner Arbeit geholfen. Die eigentlich für Medienanfragen zuständigen Pressesprecher waren von meinen Alleingängen zumindest in den 1990er- und 2000er-Jahren nicht sonderlich erbaut, aber sie ließen mich gewähren.

Später wurden die Schrauben fester angezogen. Jede noch so kleine Anfrage musste über die Pressestelle der Polizei gehen. Dass es dazu kam, daran bin ich nicht ganz schuldlos. Als im Herbst 2011 die Hauptakteure des »Nationalsozialistischen Untergrunds« (NSU) aufflogen und auf einmal klar wurde, dass auf ihr Konto nicht nur zehn Morde, sondern auch eine Serie besonders schwerer und brutaler Sparkassen- und Postüberfälle gingen, fasste ich mir wieder mal ein Herz.

Ich rief den Chef des Kommissariats Bandenkriminalität in Chemnitz an, der die Räuber von 1999 bis 2006 vergeblich gejagt hatte. Wir kannten uns schon einige Jahre, weil diese Überfall-Serie auch mich und die Zeitung beschäftigte. Vor allem wollte ich wissen, wie der Mann, der jahrelang quasi einem Phantom hinterhergejagt war, zu dem Schluss kam, dass Akteure des NSU dahintersteckten. Er erzählte mir, was er aus seiner Sicht verantworten konnte und warum er zu 99 Prozent sicher war, dass die Männer, die sich Anfang November 2011 in Eisenach in einem Wohnmobil erschossen hatten, »seine« Sparkassenräuber waren.

Wir beide ahnten zu dieser Stunde nicht, dass ich mit meiner Veröffentlichung am nächsten Tag beinahe zwei Herzinfarkte ausgelöst habe. Einen beim damaligen Polizeipräsidenten, den anderen beim Leiter der Pressestelle. Sie drehten am Rad und hielten mir Standpauken. Auch mein Informant bekam sein Fett weg. Sogar das Innenministerium schaltete sich ein. Dabei hatte in meinem Artikel alles gestimmt. Es sollte halt nur noch nichts davon in der Zeitung stehen.

Von da an hatte ich einen deutlich schwereren Stand bei der Polizei. Irgendwie schienen alle Beamten instruiert, ja keine Auskünfte mehr an die Thieme zu geben. Aber auch dieser Umstand währte nicht sehr lange. Der Pressesprecher ging irgendwann in den Ruhestand. Seine Nachfolgerin hatte gegen Ende der DDR unter meinen Fittichen ihr journalistisches Volontariat beim ADN in Karl-Marx-Stadt absolviert. Dafür musste sie mir nicht dankbar sein. Aber dass ich ihr seinerzeit den Rock für ihr Hochzeits-Outfit genäht hatte, daran erinnerte ich sie schon ab und zu – natürlich so ganz nebenbei. Der Rock war nicht schuld, dass die Ehe scheiterte. Als ich in Rente ging, wechselte sie in einen anderen Bereich der Polizei. Ich verstand nicht, warum. Sie meinte scherzhaft: »Jetzt, wo du nicht mehr da bist, was soll ich da noch in der Pressestelle?«

Wir sind bis heute Freundinnen, auch wenn sie mir nie geheime Details »durchgestochen« hat. Dafür gehört sie seit 2020 zu meinen Testleserinnen, wenn ich an einem neuen Krimi schreibe.

BEGEGNUNG
MIT DER LEGENDE HB

Karikaturist Henry Büttner am Vorabend seines 90. Geburtstages 2018.
Fotos: Wolfgang Thieme

Die so ziemlich härteste Nuss, die ich in meinem Berufsleben zu knacken hatte, war Henry Büttner. Der DDR-weit bekannte Karikaturist galt schon immer als menschenscheuer Eigenbrötler, der niemanden empfing und – bis auf seine eigene Familie – auch kaum jemanden an sich heranließ. Gleich gar nicht neugierige Journalisten.

Ich kannte seine Zeichnungen und seinen Humor vor allem aus dem Satiremagazin »Eulenspiegel«. Dort war Silvester 1954 seine erste Karikatur erschienen. Da arbeitete er noch als gelernter Gebrauchsgrafiker und Schaufenstergestalter im HO-Warenhaus Karl-Marx-Stadt. Ich war zu diesem Zeitpunkt nicht einmal zwei Jahre alt. 1958 waren die »Humore« aus Wittgensdorf schon so gefragt, dass Büttner beschloss, freischaffend zu arbeiten. Als selbstständiger Zeichner belieferte er fortan ein Dutzend Zeitungen und Zeitschriften der DDR regelmäßig mit Witzen, ohne je selbst in den Verlagen gewesen zu sein. Dabei besaß er eine Zeit lang sogar ein Auto. Und sein Heimatort Wittgensdorf, seit 1999 ein Ortsteil von Chemnitz, hatte in besten Zeiten gleich drei Bahnhöfe. Der obere liegt nur einen Katzensprung von Büttners Wohnhaus entfernt. Über den angeblich schrulligen Mann kursierten viele Gerüchte, aber keiner konnte mir von einer persönlichen Begegnung mit HB erzählen.

Als die Nachrichtenagentur ADN Ende der 1970er-Jahre dazu überging, neben den täglichen Nachrichten aus der DDR auch Reportagen und Porträts über interessante Menschen zu verbreiten, rannte mein damaliger Arbeitgeber bei mir offene Türen ein. Denn ehrlich gesagt fand ich das tägliche Recherchieren und Schreiben von klassischen Nachrichten schon bald ziemlich eintönig. Besondere Menschen mit spannenden Biografien gab es im dichtbesiedelsten Bezirk der DDR zur Genüge. Schnell landete Henry Büttner auf meiner Wunschliste.

Aber ich kam einfach nicht an ihn heran. Telefonnummer und Anschrift fand ich im Telefonbuch. Doch er ließ mich gar nicht ausreden, sondern legte den Hörer einfach auf. Ähnlich erging es mir, als ich kurzerhand zu seinem Haus nach Wittgensdorf fuhr. Er öffnete zwar nach meinem Klingeln einen Spaltbreit die Tür, doch kaum hatte ich mich vorgestellt, knallte er sie mir vor der Nase wieder zu. Ähnliche Zurückweisungen gab es noch mehrmals. Doch nicht ich, sondern Büttner gab letztendlich auf. Eines Tages empfing er mich in seiner Wohnung. Mein Mann kommentierte den Erfolg mit den Worten: »Ich wusste es: Du kriegst jeden Mann rum!«

Die mehrstündige Begegnung mit einem hochintelligenten, belesenen Künstler wurde zu einer Sternstunde in meinem Berufsleben. Das von meinem Mann bebilderte Porträt erschien kurz darauf in allen DDR-Zeitungen – mit großen Überschriften wie »Der Mann mit dem runden Hut« oder »Ein Koffer voll Büttner-Humor«.

39 Jahre später, kurz vor meinem Renteneintritt, packte mich noch einmal der berufliche Ehrgeiz. Ich wusste, dass Henry Büttner am 12. November 2018 seinen 90. Geburtstag haben würde. Allerdings wusste ich nicht, ob er überhaupt noch lebt oder wie es ihm gesundheitlich geht. Auch im Rathaus von Wittgensdorf konnte mir niemand diese Fragen beantworten. Selbst der Ortsvorsteher gestand, dass er Büttner

Er öffnete zwar nach meinem Klingeln einen Spaltbreit die Tür, doch kaum hatte ich mich vorgestellt, knallte er sie mir vor der Nase wieder zu.

schon lange nicht mehr gesehen habe und er gerade überlege, wie man mit dem 90. Geburtstag des berühmten Sohnes der Stadt umgehen solle. Zumindest bekam ich über ihn die Handynummer von Büttners Tochter heraus, die mit ihrer Familie im Haus der Eltern lebt. Ich rief sie an und fragte, ob sie mir mit Blick auf das Jubiläum vorab eine Begegnung mit ihrem Vater vermitteln könnte. Sie versprach, sich für mich einzusetzen. Dem Vater ginge es noch ganz gut, und er würde sich zum Geburtstag bestimmt auch über eine kleine Abordnung aus dem Rathaus freuen, meinte sie.

Ich hatte zum zweiten Mal Glück. Am vereinbarten Tag führte mich die Tochter in das Arbeitszimmer von HB. Es war dasselbe, in dem er mir vor 39 Jahren gegenübersaß. Das Zimmer wirkte auf mich, als sei in all den Jahren hier nichts verändert worden. Es gab keinen Computer, kein Notebook, kein Handy. Die Bücherregale bogen sich unter der Last vieler Klassiker. Tschechow, Dostojewski, Tolstoi, Fontane, Moravia, aber vor allem Thomas Mann, hatten noch immer einen Platz in vorderen Reihen. Nur der leere Schreibtisch – 1979 voll mit Zeichenutensilien – verriet, dass Büttner wohl nicht mehr oft daran saß. Er gestand dann auch gleich, dass er mit über 70 Schluss gemacht habe: »Ich hatte mich ausgezeichnet.« Ideen gab es noch, aber er habe keine Lust mehr verspürt, auch weil sein Stil für die heutige Zeit nicht »deftig« genug sei, meinte er.

Im Gegensatz zu aktuellen Zeitgenossen hatte er immer mit Strichen geknausert, nie aber mit Pointen. Fast jede seiner Ideen entsprang eigenen Erlebnissen und Beobachtungen innerhalb der Familie, Nachbarn und Bekannten, die er dann ins Komische zuspitzte. Den »Eulenspiegel« hatte er noch einige Jahre nach der Wende beliefert. Aber weil immer mehr alte DDR-Leser wegblieben, gebe es heute keine Nachfrage mehr nach HB, glaubt der kleine Mann, der für mich persönlich immer der Größte war. Über sein Gesicht huscht ein verschmitztes Lächeln, als ich ihm sage, dass in meinem Bücherschrank sämtliche jemals erschienenen Büttner-Bücher stehen. In einem ist vermerkt, dass 21.523 Karikaturen das Signet HB tragen.

Dass er zu DDR-Zeiten nie verreist ist und das mit »Zeitverschwendung« begründete, war für mich schwer nachvoll-

Diese Karikatur schenkte HB mir bei unserer ersten Begegnung 1979 für unseren Sohn Tom.

ziehbar. Dass es ihn aber auch nach 1990 nicht ein einziges Mal in die weite Welt lockte, nicht einmal zu einer Preisverleihung nach Dresden, konnte ich gleich gar nicht verstehen. Venedig wäre vielleicht ein Ort gewesen, den er sich gern angeschaut hätte. »Doch in jedem Fall wollte ich abends wieder zurück sein. Und das funktioniert ja mit Venedig nicht«, verriet Büttner mir am Vorabend seines 90. Geburtstages. Da wusste ich: Er ist immer noch der Alte!

Langweilig würde ihm auch ohne Zeichenstift nicht, beteuerte er. Noch immer vertieft er sich am liebsten in Bücher. Viele Klassiker lese er jetzt im Alter zum wiederholten Mal. Er weiß nicht, wie oft er Thomas Manns »Zauberberg« verschlungen hat, seine Lieblingslektüre zu Silvester, wenn andere auf den Straßen herumböllerten. In jüngster Zeit habe er sich vor allem mit Büchern beschäftigt, die es in der DDR nicht gab. Fernsehen hält er nicht länger als zwei Stunden am Tag aus, und auch nur abends bei interessanten Reportagen, erzählt mir seine zehn Jahre jüngere Frau, mit der er seit 1961 verheiratet ist. Sie macht einen sympathischen Eindruck, und ich frage mich, wie viele Entbehrungen sie für den liebenswerten und manchmal bestimmt auch störrischen Kauz mit philosophischem Hang zu Schopenhauer auf sich genommen haben mag. Sie darauf anzusprechen, wage ich nicht. Ich bin einfach viel zu glücklich, dass ich dieser sächsischen Legende noch einmal gegenübersitzen kann.

Stattdessen frage ich Henry Büttner nach seinem legendären Koffer voller Witze. Im Arbeitszimmer kann ich ihn nicht entdecken. Der Meister des Humors schaut mich erstaunt an, sodass ich ihm auf die Sprünge helfe. Er hatte mir 1979 erzählt, mit welch eiserner Disziplin er jeden Tag drei Karikaturen zeichnet. Obwohl ihm die Ideen nie ausgingen, fürchtete er sich dennoch vor diesem »Ernstfall«. Deshalb legte er sich eine eiserne Reserve an, die er ständig ergänzte. Bei unserer ersten Begegnung umfasste sie 2000 Zeichnungen, die HB in einem alten Koffer aufbewahrte. Der stand immer griffbereit für den Fall, dass im Haus mal ein Brand ausbrach. Nicht sein Sparbuch, sondern diesen Koffer wollte er in Sicherheit bringen. Büttner weiß nicht, wo der Koffer abgeblieben ist. Im Haus gebrannt hat es jedenfalls nie.

Als ich mich im November 2018 von ihm verabschiedete, sagte er mit warmen Worten: »Es war schön, dass Sie da waren, es war ein interessanter Vormittag. Aber schreiben Sie nicht eher über Kriminelles in der Zeitung?« Seine Frage verblüffte mich. Er war offenbar noch immer ein aufmerksamer Zeitungsleser. »Ja«, sagte ich. »Deshalb wollte ich Sie auch unbedingt noch einmal treffen. Ihr Leben ist doch spannend wie ein Krimi.«

Sein humorvoller Nachlass schlummerte damals in Schubladen. Ich spürte, wie ihn die Frage umtrieb: Wohin damit nach seinem Tod? Einige Zeichnungen sind im Heimatmuseum von Wittgensdorf ausgestellt. 2022, also knapp vier Jahre nach unserer Begegnung, schenkte er 1600 Arbeiten der Staatlichen Bücher- und Kupferstichsammlung Greiz in Thüringen. Eine vom Meister selbst getroffene Auswahl wurde im Jahr darauf über Monate hinweg in einer Ausstellung gezeigt. Ich verstehe nicht, warum sich in seiner Heimatstadt Chemnitz niemand wenigstens um einen Teil des Nachlasses bemüht hat. Weil HB nicht zur Hochkultur von Schmidt-Rottluff oder zur Kunstsammlung von Gunzenhauser passt? Er hätte im Kulturhauptstadtjahr bestimmt viele Besucher zum Schmunzeln gebracht.

VOM DÜSTEREN NISCHEL UND DEM LANGEN LULATSCH

Der lange Lulatsch sorgte, lange bevor er vielfarbig angestrichen wurde, für Aufmerksamkeit: als die Chemnitzer »Fassadenspechte« im Mai 2000, im Seil hängend, Schäden am 300 Meter hohen Schornstein dokumentieren mussten.

Wenn mich früher jemand nach dem Wahrzeichen von Karl-Marx-Stadt fragte, dann fiel mir sofort der Rote Turm ein. Sicher lag das daran, dass ich aus meinem Bürofenster in der siebten Etage der Hauptpost genau auf dieses älteste Bauwerk der Stadt blickte, das – abgesehen vom Rathaus – vollständig von Neugebautem umgeben war. Bei schweren Luftangriffen kurz vor Ende des Zweiten Weltkriegs 1945 brannte auch der Turm aus, wurde aber zwischen 1957 und 1959 nach dem historischen Vorbild wieder aufgebaut. Ansonsten blieb nach dem Bombenhagel nicht viel übrig von der alten Innenstadt. Dass der Turm nicht bereits im frühen 19. Jahrhundert zusammen mit den alten Stadtbefestigungsanlagen abgetragen wurde, verdankte er seiner zeitweisen Nutzung als Gefängnis bis etwa zum Jahr 1900. Berühmtheiten wie August Bebel und Karl Stülpner sollen hier hinter Schloss und Riegel gesessen haben.

Mir gefiel der Turm eher deshalb, weil seine Form als Vorlage für die ab 1968 produzierte Fit-Flasche diente. Jenes Geschirrspülmittel aus dem VEB Fettchemie Karl-Marx-Stadt, das jeder DDR-Bürger kannte, das Pril des Ostens sozusagen. Ich benutze es übrigens bis heute, auch wenn es das Werk an der Neefestraße, in das nach 1990 die Treuhand einzog, längst nicht mehr gibt und kaum noch einer weiß, dass der Turm für Fit Pate stand.

Angrenzend an den Roten Turm gab es zum Beginn meiner Berufslaufbahn in einem Flachbau die sogenannte Speisenbar, eine moderne Gaststätte, in der man von Barhockern aus zuschauen konnte, wie das bestellte Steak gegrillt wurde. Wenn es uns mittags in der Betriebsgaststätte im Posthof nicht schmeckte oder wir uns mal etwas Besonderes gönnen wollten, dann ging es in die Speisenbar neben dem Roten Turm.

Erst später, so in den 1980ern, hatte ich das Gefühl, dass das Marx-Monument dem Roten Turm den Rang ablief. Kamen Fremde nach Karl-Marx-Stadt, dann fotografierten sie sich vor dem »Nischel«. Ich nannte die gewaltige Bronzeplastik nie so, weil »Nischel« für mich irgendwie abwertend klingt. Auch wenn ich weiß, dass der Begriff ein in Sachsen gebräuchliches Synonym für den Kopf oder Schädel eines Menschen ist, so wie auch der Däähds. Das sagt aber komischerweise keiner zum Nischel. Stünde der Nischel wiederum an der Ostsee, würden die Leute vermutlich Kopp sagen. Bemerkenswert finde ich, dass man bei der Google-Suche unter dem Begriff Nischel als Erstes auf das Marx-Monument stößt.

Ich bin froh, dass es einigen eifrigen Bilderstürmern in den ersten Jahren nach der Wende nicht gelang, das Monument vom Sockel zu holen, irgendwohin in die Verbannung zu schicken oder einzuschmelzen. Dabei hatte der damalige CSU-Bundesfinanzminister Theo Waigel aus Bayern sogar damit gedroht, keine Finanzen mehr in den Osten zu überweisen, wenn Chemnitz für so etwas wie den Scheedl Geld ausgibt. Der 40 Tonnen schwere Koloss überlebte den Untergang der DDR. Sein finsterer Blick hellte sich allerdings nicht auf. Kein Wunder angesichts der sehr verschiedenen Aufmärsche und Demonstrationen in den vergangenen mehr als 50 Jahren und bis in die heutige Zeit.

Der 40 Tonnen schwere Koloss überlebte den Untergang der DDR. Sein finsterer Blick hellte sich allerdings nicht auf.

Das Monument als Wahrzeichen von Chemnitz bekam irgendwann Konkurrenz von einem eher hässlichen Bauwerk, das seit 1984 das Stadtbild prägt: dem 302 Meter hohen Schornstein des Heizkraftwerkes Nord an der Chemnitztalstraße. Ich empfand ihn optisch immer als störend, aber wenigstens machte er die beiden Essen vor meiner Großplatte im Beimlergebiet überflüssig, die mit Hilfe eines aufgesetzten Baggers von oben abgetragen wurden. Der Riesenschornstein an der Chemnitz ist bis heute das höchste Bauwerk in Sachsen. Er war 40 Jahre unentbehrlich für die Fernwärmeversorgung der Stadt durch das daneben befindliche Braunkohleheizkraftwerk.

Die Esse qualmte vor sich hin, und die Einwohner waren froh, wenn sie es in ihrer Wohnung schön warm hatten, ohne Holz und Kohlen schleppen zu müssen. Ich gehörte mit meiner Familie auch dazu.

Im Mai 2000 sorgte die Esse für besondere Aufmerksamkeit. Da seilten sich Männer einer kleinen Chemnitzer Firma an der Fassade des Riesen ab, um Schäden an der Außenwand zu untersuchen und zu dokumentieren. Ich kannte die Männer nur zu gut, hatte ich ihnen doch bereits 1979 den Namen »Fassadenspechte« verpasst: in einem Zeitungsbeitrag über die DDR-weit einmalige Reparaturbrigade des VEB Gebäudewirtschaft Karl-Marx-Stadt. Ihre Mitglieder nannten sich Technosportler und kamen alle aus dem Bergsport. Ich lernte sie kennen, als sie sich vom Flachdach des 14-geschossigen Hochhauses an der Lutherstraße abseilten, um poröse Fugen zwischen den Betonplatten abzudichten. Ein Gerüst hätte die Gebäudewirtschaft in den Ruin getrieben, deshalb entschied man sich für dieses spektakuläre Unterfangen. Schließlich stand das Haus mit seinen fast 200 Einraumwohnungen, das vor einigen Jahren abgerissen wurde, an einer vielbefahrenen Kreuzung zur Zschopauer Straße, und im Erdgeschoss befand sich ein Kindergarten.

Die Männer, die sich heute Industriekletterer nennen, machten sich nach der Wende selbstständig und haben inzwischen wohl an einigen Tausend Bauwerken in der ganzen Republik ihre Handschrift hinterlassen – immer ohne Gerüste und Hubbühnen: an Kirchtürmen, Staumauern, Silos, Hochhäusern, Antennenmasten und Brücken. Selbst bei der spektakulären Reichstagsverhüllung mussten sie 1995 mit ran. Und eben auch an der Chemnitzer Esse, die heute liebevoll Lulatsch genannt wird. Ich bin weitgehend schwindelfrei und kenne kaum Höhenangst, aber für kein Geld der Welt und für keine Minute meines Lebens hätte ich mich auf diesen Arbeitsplatz eingelassen.

Seine eigentliche Berühmtheit erlangte der Schornstein, als er bis zum Oktober 2013 einen bunten Anstrich bekam. Der französische Maler Daniel Buren erhielt seinerzeit für ein Kunstprojekt den Zuschlag für die von ihm vorgeschlagene Farbgebung. Während der Eigentümer, der Energieversorger Eins Energie, sich bald rühmte, nun das höchste Gesamtkunstwerk der Welt zu besitzen, hinterfragten andere kritisch, was dieser Spaß wohl gekostet haben mag und was an einer mit sieben verschiedenfarbigen »Banderolen« geschmückten

Esse Kunst sein soll. Ich hatte zunächst auch ein gespaltenes Verhältnis zu Schorsch, wie der Schornstein neuerdings heißt. Aber wenn ich ihn abends von meinem Balkon aus (im Landkreis Mittelsachsen!) leuchten sehe, dann bin ich fast schon ein Fan der Esse. Auch weil mich Schorsch von Weitem grüßt, wenn ich aus dem Erzgebirge komme und über die A 72 oder die B 95 in Richtung Chemnitz rolle. Er gibt jedem Anreisenden Orientierung.

Für unseren 2017 geborenen Enkel geht von der Esse seit jeher eine besondere Faszination aus. Oft musste ich mit ihm schon im Kleinkindalter bis in das oberste Stockwerk der Ermafa-Passage fahren, weil sich dort von den Fenstern vor dem Indoorspielplatz ein prächtiger Blick auf die bunte Esse bietet, vor allem in den Abendstunden. Auch dass sein Onkel dort arbeitet, vergisst er nie zu erwähnen. Kein Wunder, dass zum Haushalt meines Sohnes und seiner Familie ein Mini-Schorsch in Gestalt einer räuchernden Esse gehört, eine Räucherfigur, die das ganze Jahr über qualmen könnte. Im Unterschied zum echten Schorsch, der seit Anfang 2024 mit der Abschaltung des Kohlekraftwerkes nun Ruheständler ist. Nur bunt leuchten darf er noch jede Nacht. Für seine künftige Nutzung gibt es kühne Ideen, bis hin zu einer Aussichtsplattform ganz oben in Form eines Skywalks. Ich bezweifle allerdings, dass sie angesichts der Kosten umgesetzt werden. Schön finde ich, dass Chemnitz mittlerweile mehrere Wahrzeichen hat. Zumindest da ist die Stadt vielen Orten voraus.

CHEMNITZ SCHLÄFT

BOITE
A
LIVRES

BOOK
BOX

Das kleine Bücherschränkchen auf einem Wohnmobilstellplatz am östlichsten Punkt der Bretagne – mit einem Flyer aus Erfurt.

Ich kann nicht genau sagen, wie oft wir schon Urlaub in Frankreich gemacht haben. In jedem Fall ist es unser Lieblingsreiseziel. Vor allem, weil wir meist auf eigene Faust als Camper mit dem Wohnmobil unterwegs sind und uns die Lebensart der Franzosen gefällt. Die sind einfach entspannter als wir Deutschen, irgendwie lockerer. Gefühlt haben sie nie schlechte Laune. Zudem gibt es zwischen Alpen und Pyrenäen grandiose Bergwelten, zwischen Atlantik und Mittelmeer herrliche Küsten, im Landesinneren traumhafte Flusslandschaften, Radwege, mittelalterliche Städte oder mondäne Kurorte. Und ganz wichtig für unsere Art des Reisens: Fast jeder sehenswerte Ort hält einen Wohnmobilstellplatz bereit. Vor allem im Hebst sind wir gern im Nachbarland unterwegs, weil es dort bis zu einer Stunde länger hell ist als bei uns daheim in Chemnitz.

Weil wir an der milden Mittelmeer- und an der südwestlichen Atlantikküste inzwischen fast jeden Ort kennen, haben wir uns im Herbst 2023 zum ersten Mal wieder in den Norden, in die Bretagne, gewagt – die Wetterküche Westeuropas. Ob es uns auch hier gelingen würde, den Sommer zu verlängern? Ich hegte einige Zweifel. Die Bretagne hatten wir aus einem einzigen verregneten Urlaub im Juni 1991 in Erinnerung. Das liegt lange zurück, hatte aber für mehr als 30 Jahre Abstinenz gereicht. Es konnte also nur besser werden.

Die Sorge, dass wir mit unserem Gefährt keine schönen Übernachtungsmöglichkeiten besonders fernab der größeren Städte finden würden, weil die meisten Campingplätze im September schließen, war völlig unbegründet. An allen schönen Küsten gibt es meist aussichtsreiche Stellplätze – nicht nur mit Frischwasserzapfstellen und Möglichkeiten zur Entleerung der Bordtoilette, sondern oft sogar mit Stromanschlüssen. Auf dem für mich schönsten Platz wenige Meter entfernt vom westlichsten Punkt des französischen Festlandes, dem Pointe de Corsen, habe ich mich trotz herrlichen Badewetters und milder Temperaturen ziemlich geärgert.

Keineswegs wegen des großen Ansturms oder über die Betreiber des gepflegten Geländes. Nein, über mein Chemnitz! Auf dem Platz hatte ein Bastler eine Mini-Bibliothek installiert. Nicht in einer ausgedienten Telefonzelle, wie das hierzulande oft üblich ist, sondern er hatte dazu extra ein kleines verschließbares Schränkchen gebaut. Die Mini-Bücherei hätte gut und gern auch das Werk eines Erzgebirgers sein können. Noch bevor ich die hier abgelegten etwa 50 Bücher durchstöbern konnte – die meisten in französischer und englischer Sprache –, stach mir ein deutschsprachiger Flyer ins Auge.

Die Mini-Bücherei hätte gut und gern auch das Werk eines Erzgebirgers sein können.

Einige Exemplare lagen aufeinandergestapelt und priesen mit schönen Fotos einen Wohnmobilstellplatz in Thüringen an: als »Tor zur Stadt Erfurt«. Ausgerechnet hier am Atlantik!

»Wie kann das sein?«, entfuhr es mir. Ich blätterte darin und las, dass der Platz im Frühjahr 2021 zum Start der Bundesgartenschau in Erfurt eröffnet worden war. Es dauerte nicht lange, bis ich das Ehepaar mit EF-Kennzeichen am Womo auf dem Platz fand. Es hatte die Werbeprospekte hier, 1500 Kilometer von seiner Heimat entfernt, platziert. Die beiden rüstigen Rentner lobten den Platz in Erfurt in höchsten Tönen, und vor allem, dass ihre Stadt rechtzeitig zur Ausstellung mit so einem touristischen Angebot aufwarten konnte. Der Platz werde seither das ganze Jahr über gut angenommen, sie hätten sich schon mehrfach davon überzeugt. Kein Wunder, dachte ich, wenn Erfurter sogar in Frankreich dafür die Werbetrommel rühren.

Wie gern hätte ich jetzt ein paar Flyer von Chemnitz mit in diese Bücher-Box am Atlantikstrand gelegt. Von der Stadt, die 2025 ein Jahr lang Kulturhauptstadt Europas ist, die auf Millionen Übernachtungsgäste hofft und die von den Franzosen und Engländern um uns herum hier in der Bretagne garantiert keiner kennt.

Aber leider sind die Verantwortlichen immer noch uneins darüber, ob Chemnitz überhaupt einen Wohnmobilstellplatz braucht. Schließlich gibt es ja schon seit DDR-Zeiten einen Campingplatz in Oberrabenstein an der westlichen Stadtgrenze, argumentieren dessen Betreiber. Ich selbst finde den Platz durchaus idyllisch und in schöner Natur gelegen, mit Bademöglichkeit im nahen Stausee, aber einfach zu weit weg vom Zentrum und dem Geschehen in der City. Sicher wurden in Chemnitz in den vergangenen 30 Jahren viele Freiflächen in der Innenstadt zugebaut. Aber hinter dem imposanten Industriemuseum oder im Bereich von Schloßteich und Hartmann-

platz könnte man doch problemlos Flächen für Wohnmobi-
listen ausweisen, denke ich. Die erwarten in einer Innenstadt
doch keinen Fünf-Sterne-Campingplatz.

Ich konnte in diesem Urlaub in der Bretagne mindestens
zwei Dutzend Gleichgesinnte auf Chemnitz neugierig machen. Denn Wohnmobilbesitzer sind nicht nur flexibel, sondern wissbegierig, besonders auf Dinge, die sie noch nicht
kennen. Doch leider konnte ich keinen Stellplatz empfehlen,
geschweige denn Flyer verteilen. Schade, ich hätte das gern
und völlig umsonst für meine Heimat getan – als Botschafte-
rin von Chemnitz.

Einen Hoffnungsschimmer habe ich noch: Im Herbst 2024
ist Frankreich wieder unser Reiseziel. Wohin es geht, wird
maßgeblich vom Wetter bestimmt. Vielleicht gibt es bis dahin
ja Wohnmobil-Flyer von Chemnitz. Denn gerade habe ich gelesen, dass die Stadt für 2025 nun doch einige Stellplätze an-
legen will: 14 am herrlichen Wasserschloss Klaffenbach, wo es
bisher nur drei gibt. Von dort kann man mit der Bahn bequem
bis in die Stadt fahren. Mit dem Rad sind es etwas mehr als
zehn Kilometer. Auch an der Eissporthalle, die jetzt den Namen der berühmten Trainerin Jutta Müller trägt, darf man mit
seinem Gefährt dann nächtigen – auf geplant 15 Stellflächen.

Vorgesehen sind von privat zudem 18 Plätze auf dem Gelände der Schönherrfabrik nahe des Chemnitz-Flusses, nur
einen Katzensprung vom herrlichen Chemnitztal-Radweg
entfernt. Einen großen Vorteil hat dieses Gewerbeareal: Man
kann zu Fuß bis zu einer der schönsten Ecken der Stadt laufen – in das Schloßviertel mit seinen rustikalen Gaststätten.
Auch Schloßteich, Schloßbergmuseum und die sanierte Hartmannfabrik als Besucherzentrum erreicht man bequem per
pedes in wenigen Minuten. Damit ist man letztlich irgendwie
im Kulturhauptstadt-Zentrum, das sich ohnehin schwer defi-
nieren lässt.

SPURENSUCHE
IN SAUDI-ARABIEN

Nicht mehr unter Dampf: die Hartmann-Lok im Museumsbahnhof von Tabuk in Saudi-Arabien.

ch gehöre nicht zu den Menschen, die in der Fremde ständig an ihre Heimat denken oder gar Heimweh kriegen. Im Gegenteil: Wenn ich schon mal weit weg bin, dann will ich loslassen, Abstand bekommen, nicht an zuhause denken müssen. Ich will eintauchen in eine andere Welt. In exotischen Ländern wie den Seychellen, den Malediven oder den Kleinen Antillen gelingt das besonders gut. Aber man muss dafür gar nicht um die halbe Welt fliegen. Nur fünf bis sechs Flugstunden trennen uns von der Arabischen Halbinsel mit Ländern wie Jordanien, Oman und den Vereinigten Arabischen Emiraten. Die Eindrücke sind berauschend, Märchen aus 1001 Nacht werden dort wahr. Da kann man seine sächsische Heimat schon mal vergessen. Dafür schäme ich mich auch nicht.

Im November 2023 gehörten mein Mann und ich zu einer ganz kleinen Gruppe von Touristen, die in Saudi-Arabien unterwegs war. Das Land war nicht nur für uns bis dahin ein weißer Fleck auf der Landkarte. Was wussten wir schon über das Königreich? Eigentlich nur, dass es zu den größten Erdölproduzenten der Welt gehört, denen die Klimaveränderungen scheinbar am Allerwertesten vorbeigehen. Und dass Frauen dort so gut wie keine Rechte haben. Nicht nur, dass sie dunkle Schleier tragen mussten, sie durften auch bis vor wenigen

Jahren nicht Auto fahren, allein reisen oder etwa ohne ihren Mann an den Strand gehen. Mörder werden noch heute enthauptet und bei mehrfachem schweren Diebstahl wird dem Täter eine Hand abgehackt – heute allerdings innerhalb der Gefängnismauern, nicht mehr auf einem öffentlichen Platz vor Hunderten Schaulustigen. Als das Land 2019 verkündete, sich für Touristen zu öffnen und den Frauen deutlich mehr Freiheiten zuzusprechen, kam Corona. Wieder schottete sich Saudi-Arabien ab. Diesmal nicht gegen die Ungläubigen der westlichen Welt, sondern gegen ein Virus. Die meisten Frauen verschleiern sich noch heute, obwohl sie es nicht mehr müssen. Vielleicht auch vorsorglich wegen des nächsten Virus? Ich versuche, sie mit diesem Erklärungsversuch ein bisschen in Schutz zu nehmen.

Unser Urlaub wurde zu einer Art Pionierreise. Ehrlich gesagt hatte ich davon schon immer geträumt: irgendwo auf der Welt mal der erste Tourist sein! Wie Thomas Cook bei seinen Entdeckerreisen oder Alexander von Humboldt auf seinen Expeditionen. Ja, so kamen wir uns ein bisschen vor.

Ehrlich gesagt hatte ich davon schon immer geträumt: irgendwo auf der Welt mal der erste Tourist sein!

Unser erster Inlandsflug führte 1000 Kilometer in den Norden, in die Region Tabuk. Dass wir dort gewaltige Landschaften erleben würden wie in Utah und Arizona im Südwesten der USA, hatten wir so nicht erwartet. Die Stadt Tabuk war dagegen nicht der große Hit, gemessen an den Metropolen, die wir später noch erleben sollten. Aber die eigentliche Überraschung erwartete uns im Bahnhof der Stadt, in die schon seit mehr als 100 Jahren keine Züge mehr rollen und die auch keinen Gleisanschluss mehr hat. Dennoch ist der kleine, fast unscheinbare ehemalige Bahnhof ein Schmuckstück. Die große Eingangshalle empfängt als ein Neubau, der ein wenig an die Elbphilharmonie erinnert. Nur dass bei unserer Ankunft gerade keine Musiker spielten. Heute bietet die Halle reichlich Platz für Veranstaltungen.

Nebenan wurden einige alte Bahnhofsgebäude saniert und als Eisenbahnmuseum gestaltet. Hier erfahren die Besucher, dass zu Beginn des 20. Jahrhunderts deutsche Ingenieure den Bau der sogenannten Hedschasbahn voranbrachten. Ich wette, dass Sachsen beteiligt waren, auch wenn das nirgends explizit erwähnt wird. Die Strecke mit einer Gesamtlänge von 1300 Kilometern führte damals von Damaskus bis in die heilige Stadt Medina. 1902 begann der Bau, sechs Jahre später war alles fertig. Ich muss unwillkürlich an die 80 Kilometer Bahnstrecke zwischen Chemnitz und Leipzig denken, deren Elektrifizierung und Ausbau seit Jahrzehnten versprochen werden und die nicht vorankommen. Die Hedschasbahn wurde vor allem aus Spenden von Muslimen finanziert, schließlich war sie in erster Linie als Pilgerbahn gedacht. Sogar der deutsche Kaiser soll damals für das Projekt gespendet haben. Doch bereits 1916 wurde diese Bahnverbindung infolge des Ersten Weltkriegs und durch regionale Konflikte restlos zerstört und nie wieder aufgebaut. Ich merke in diesem Moment wieder einmal, was wir alles nicht über die Welt wissen.

In einem der historischen Bahnhofsgebäude, wo diese Geschichte erzählt wird, treffen wir auf eine sehr alte »Dame« und damit auf ein Stück Heimat, das mich ausgerechnet hier ziemlich stolz macht: auf Chemnitz und seine Industriegeschichte. Sie ist eng mit dem Namen des aus dem Elsass eingewanderten sächsischen Lokomotivkönigs Richard Hartmann (1809–1878) verbunden. 1848 stellte sein Betrieb die erste Dampflokomotive her. Mit der Königlich-Sächsischen Staatseisenbahn hatte er einen Großkunden für sein neues Produkt. Ab 1864 wurde jenes Gebäude an der heutigen Hartmannstraße gebaut, das nach 35 Jahren Leerstand 2025 als Besucherzentrum der Kulturhauptstadt empfängt. Diese Hartmannfabrik war nur eines von 116 Gebäuden auf einer Fläche von 260.000 Quadratmetern, die das Imperium des Lokomotivkönigs damals umfasste. Die alte Lok im Bahnhof von Tabuk wurde aber, wie auch andere Dampfloks, mit sehr hoher Wahrscheinlichkeit nicht in dieser Hartmannhalle produziert. Denn in der baute man damals vorwiegend Werkzeugmaschinen. Die Ära des Lokomotivbaus in Chemnitz dauerte bis Ende der 1920er-Jahre. Als die Firma aufgelöst wurde, war Hartmann schon 50 Jahre tot.

Das alte Eisenschild, das Auskunft zur Herkunft und zum Baujahr der Lok in Tabuk geben könnte, wurde irgendwann von Vandalen oder Dieben abgebrochen und nie ersetzt. Man sieht nur noch Überreste und wo es einst befestigt war. In jedem Fall dürfen wir diese Lok in Saudi-Arabien sogar besteigen und sie ganz aus der Nähe erkunden. Nur Führerstandsmitfahrten, wie es sie für Eisenbahnfreaks in Chemnitz gibt, werden nicht angeboten. Wohin sollten die auch gehen ohne Gleise?

Die heute einzige Eisenbahnstrecke in der Landesmitte des Königreichs verbindet Medina mit Dschidda und Mekka. Auch sie ist in erster Linie (noch) eine Pilgerbahn, die 2019 als Hochgeschwindigkeitsstrecke eröffnet wurde und die wir 2023 auf fast 400 Kilometern Länge testen konnten. Die supermodernen Züge kamen jedoch nicht aus Deutschland, sondern aus Spanien. Schade eigentlich, dass Chemnitz irgendwann diesen Anschluss verpasst hat, denke ich so ganz weit weg von meiner Heimat.

TREFFEN MIT EINEM MÖRDER

Das 1886 errichtete Gefängnis auf dem Chemnitzer Kaßberg existiert so nicht mehr. Bis zu seinem teilweisen Abriss saßen hier nur noch Untersuchungshäftlinge wie Lars S. ein.

ch weiß nicht, wie viele Stunden, Tage und Wochen ich in meinem Berufsleben in Gerichtssälen gesessen habe, vor allem in den Landgerichten Chemnitz und Zwickau, aber auch in Dresden und Leipzig. Nicht etwa, dass mich das Grauenvolle, das dort bis ins letzte Detail zur Sprache kam, faszinierte, vielmehr verfolgte es mich Nächte hindurch. Was mich vor allem beschäftigte, waren die Angeklagten, die da vor dem Kadi standen.

Was macht einen Menschen zum Mörder? Er wird ja nicht als solcher geboren oder ist von Kindesbeinen mit einem Mörder-Gen ausgestattet. Wann, wie und aus welchem Grund überwindet er die Hemmschwelle und tötet?

Manchen Tätern konnte ich kaum in die Augen schauen, so brutal und bestialisch war das, was sie ihren Opfern angetan hatten, so angewidert war ich schon bei ihrem Anblick. Aber es gab auch andere Fälle: Ein Mann, der seine Frau umgebracht hatte, weil sie ihn nach vielen gemeinsamen Ehejahren immer mehr demütigte, weil sie ihn madig machte angesichts seiner zunehmenden körperlichen Einschränkungen. Weil er nicht mehr der war, den sie vor Jahrzehnten geheiratet hatte. Weil er mit ihr nichts mehr unternahm, ihr nichts recht machen konnte. Er wollte nur noch seine Ruhe haben, sie dagegen ein Leben als flotte, agile Rentnerin führen, dem er abrupt ein Ende setzte.

Ich fragte mich, warum der Mann nur den einen Ausweg sah, seine Frau für immer loszuwerden. War er selbst für eine Scheidung zu träge, zu bequem? Natürlich hatten die Richter und erst recht der Staatsanwalt wenig Verständnis für den Angeklagten. Ich empfand dennoch einen Hauch von Mitleid.

Auch mit einem anderen Mann – einem Bankräuber aus dem Erzgebirge – hatte ich ein wenig Mitgefühl. Nach 19 Jahren, kurz vor der Verjährung der Tat, spürten Zielfahnder ihn in Thailand auf, nahmen ihn dort fest und brachten ihn nach Chemnitz. Um ein Haar hätte man ihm nichts mehr anhaben können. Als er vor den Richtern saß, wirkte er wie ein Häuflein Unglück. Er hatte sich auf seiner filmreifen Flucht um den halben Erdball längst selbst resozialisiert, sich eine neue Existenz aufgebaut, mit einer Frau an seiner Seite und einer eigenen Tauchschule – wenn auch mit falschen Papieren und unter neuem Namen. Er legte in Chemnitz ein so umfassendes Geständnis ab, dass die Richter kurzen Prozess machen konnten und auf die Befragung von Zeugen verzichteten. Die Haftstrafe fiel mild aus. Aber sie reichte, dass dieser Mann nie wieder auf die Beine kam. Als ich Jahre später seine Geschichte für ein Buch mit wahren Kriminalfällen niederschrieb, erfuhr ich von seinem Vater, dass er sich in Frankreich das Leben genommen hatte.

Ein einziges Mal gab es einen des Mordes angeklagten Mann, von dessen Schuld ich nicht zweifelsfrei überzeugt war. Er hieß Lars S. und war liiert mit einer fünf Jahre jüngeren Frau aus einem Dorf im Erzgebirge. 2008 wurde er in Chemnitz kurz vor seinem 38. Geburtstag als Mörder verurteilt. Das Gericht sah es als erwiesen an, dass er im Jahr davor den zu 100 Prozent körperlich und geistig behinderten Sohn seiner Partnerin im Schlaf erstickt hatte. Nur zwei Personen waren zur Tatzeit im Haus: Lars S. und die Mutter des Jungen. Als Motiv sah die Kammer Eifersucht und Rache. Die Frau wollte sich nach zwei Jahren von dem arbeitslosen, dem Alkohol zugeneigten Partner trennen. Immer wieder gab es zwischen ihnen Streit. Immer wieder gingen sie gemeinsam ins Bett. Auch eine mehrmonatige Entziehungskur änderte nichts daran, dass es in der Beziehung zunehmend knirschte. Lars S. hatte angeblich keine Probleme mit dem Jungen, im Gegenteil. Er kümmerte sich um ihn, wenn sich die Mutter mit Freundinnen vergnügen wollte oder wenn sie wegen ihres Jobs unterwegs war. Zu einem früheren Lebensgefährten soll sie selbst einmal gesagt haben: »Mit diesem Kind nimmt mich doch keiner.«

Warum also sollte Lars S. der jungen Frau durch einen Mord den Weg in die Unabhängigkeit bahnen, in eine unbeschwerte Zukunft ohne das behinderte Kind? Und dafür auch noch selbst ins Gefängnis gehen? Er ahnte, dass die Mutter zuletzt heimlich eine intime Beziehung zu einem anderen Mann unterhielt. Sie trieben es im Auto, Lars S. durfte nichts mitbe-

---

Was macht einen Menschen zum Mörder? Er wird ja nicht als solcher geboren oder ist von Kindesbeinen mit einem Mörder-Gen ausgestattet.

---

kommen. Sollte er ausgerechnet für diesen Mann das Kind aus dem Weg geschafft haben?

Der Chemnitzer Verteidiger Kay Estel hatte von Anfang an moniert, dass nicht auch gegen die Mutter als mögliche Täterin ermittelt wurde. Schließlich hatte sie ihr Kind bereits als Baby einmal so schwer misshandelt, dass es danach monatelang im Krankenhaus lag.

Im Prozess bekräftigte der Angeklagte die Vorwürfe gegen die Partnerin. Dass seine eigenen DNA-Spuren am Hals des Jungen gesichert wurden, hatte er mit seinen Wiederbelebungsversuchen begründet, die er unternahm, als er das Kind leblos im Bett entdeckte. Dass am Hals des Kleinen, an seinem Schlafanzug, an seiner Bettdecke auch die DNA der Mutter festgestellt wurde, fanden die Richter normal angesichts der Rundumbetreuung, die der Zehnjährige tagtäglich erlebte.

Sie teilten meine Bedenken nicht. Es gab kein »in dubio pro reo« – im Zweifel für den Angeklagten. Stattdessen verurteilten sie Lars S. zu einer lebenslangen Haftstrafe. Er legte Revision gegen das Urteil ein. Bis zur Überprüfung durch den Bundesgerichtshof blieb er im Gefängnis auf dem Chemnitzer Kaßberg, das inzwischen in Teilen abgerissen wurde und nur noch als »Gedenkort« existiert. Über seinen Anwalt und seine Mutter ließ er mir mitteilen, dass er alle meine Berichte über seinen Fall gelesen hatte und ob ich ihn im Gefängnis besuchen könnte. Dieses Ansinnen war auch für mich ein Novum. Sollte ich mich wirklich mit einem (wenn auch noch nicht rechtskräftig) verurteilten Mörder treffen? Ich zögerte, wog ab, fragte mich, was es bringen würde? Andererseits war ich extrem neugierig. Der Mann hatte auf mich zu keinem Zeitpunkt angsteinflößend oder wie ein brutaler Killer gewirkt, trotz eines umfangreichen Vorstrafenregisters, das aber vor allem aus Betrugs-, Verkehrs- und Diebstahlsdelikten bestand.

Also vereinbarte ich mit der Haftanstalt einen Termin, bei dem ich aber dann doch ziemlich weiche Knie bekam, als ich vor dem Besucherraum von Bediensteten eingewiesen wurde. Ich verzichtete auf die Anwesenheit eines »Aufpassers«. Stattdessen wurde mir gezeigt, wo sich der Alarmknopf für den Notfall befand. Erst dann wurde Lars S. in den Raum gebracht. Er wirkte auf mich sachlich, korrekt, unaufgeregt und gut vorbereitet. Er sagte mir, dass er in jedem Fall eine Wiederaufnahme seines Verfahrens anstrebt. Ihm war klar, dass das alles extrem schwer würde. Und dass es für einen neuerlichen Prozess sehr triftige Gründe und vor allem neue Beweismittel geben müsste.

Lars S. hatte inzwischen dem damaligen sächsischen Justizminister Geert Mackenroth sowie dem Petitionsausschuss des Landtages seinen Fall und die Umstände seiner Verurteilung geschildert. Darin enthalten jene entlastenden Fakten, die nach seiner Auffassung im Verfahren unbeachtet geblieben waren, Zeugen, die nicht vernommen wurden, und dass die Kindesmutter im Prozess gelogen hatte, als sie die intime Beziehung mit einem neuen Mann bestritt.

Ich hatte noch nie einen Mörder erlebt, der sich derart ungerecht behandelt fühlte. Sicher: Die meisten leugnen, verdrängen, was sie getan haben. Aber irgendwann knicken sie ein. Dieser Mann dagegen bestritt weiter hartnäckig, den Jungen erwürgt zu haben. »Ich soll mindestens 15 Jahre hinter Gitter, habe keine Chance auf vorzeitige Entlassung, nicht einmal bei bester Führung. Denn dazu muss man Reue zeigen. Doch ich kann nicht bereuen, was ich nicht getan habe«, beteuerte mir der Mörder unter vier Augen. Sagte er die Wahrheit? Oder war er Weltmeister im Lügen und im Verdrängen? Würde er das Geschehen öffentlich bereuen, hätte er nach zwei Drittel der Zeit, also vielleicht nach zehn Jahren, die Chance auf vorzeitige Entlassung. Warum gesteht und bereut er nicht?

Nächte hindurch stellte ich mir immer wieder diese Frage, obwohl mich der Mann doch eigentlich gar nichts anging.

Lars S. unternahm in den folgenden Jahren mehrere Versuche zur Wiederaufnahme seines Verfahrens. Er suchte sich neue Anwälte und neue Gutachter. Seine Mutter und seine Schwester unterstützten ihn – vor allem auch finanziell. Er erreichte, dass sich 2011 die Mutter des getöteten Jungen wegen uneidlicher Falschaussage vor Gericht verantworten musste – was theoretisch ein Wiederaufnahmegrund hätte sein können. Doch entsprechende Anträge von Lars S. wurden abgelehnt. Er schrieb mir bis zu meinem Renteneintritt Ende 2018 jedes Jahr einmal mit feinster Handschrift einen seitenlangen Brief aus dem Gefängnis. Er berichtete von seinen Bemühungen im Kampf gegen einen vermeintlichen Justizirrtum. Auch seine Mutter rief mich ab und zu an, ob ich ihrem Sohn nicht irgendwie helfen könne. Ihre Stimme war so leise und verzweifelt, dass ich sie kaum verstand. Sahen sie in mir den rettenden Anker? Ich wäre in dem Moment wieder in die Berichterstattung eingestiegen, wenn es zu einem neuen Prozess gekommen wäre. Aber das passierte nicht.

Im Frühling 2024 erfuhr ich auf Anfrage bei der Staatsanwaltschaft, dass Lars S. nach 15 Jahren Haft 2023 entlassen worden war. Eine Entlassungsanschrift wollte man mir aus Datenschutzgründen nicht mitteilen. Auch über die Mutter, die ihn regelmäßig zunächst im Gefängnis in Dresden, später dann in Waldheim besucht hatte, konnte ich nichts mehr in Erfahrung bringen. Sie starb, bevor ihr Sohn auf freien Fuß kam.

***

FOTOS

Wolfgang Thieme
(S. 10, 30, 34, 40, 46, 52, 58, 64, 72, 78, 84, 90,
102, 108, 113, 116, 136, 144, 150, 156, 162,
Umschlag-Porträt Gabi Thieme)

Detlev Müller
(S. 18)

Privatarchiv der Autorin
(S. 24, 88, 122, 140)

Polizei Chemnitz
(S. 88)

Wolfgang Jargstorff/Shutterstock.com
(S. 96)

Fer Gregory/Shutterstock.com
(S. 128)

MarclSchauer/Shutterstock.com
(Umschlag-Innenseite, Karl-Marx-Monument in Chemnitz)

PAPERENTO *

* die mit der Ente

© 2024 Paperento

Ein Imprint der EDITION WANNENBUCH
Verlag Jens Korch, Erzbergerstraße 2, D-09116 Chemnitz
www.paperento.de

Umschlaggestaltung: Jens Korch
Lektorat: Marko Knye
Druck: Print Group Sp. z o.o., Stettin (PL)

Bibliografische Information der Deutschen Nationalbibliothek:
Die Deutsche Nationalbibliothek verzeichnet diese Publikation in der
Deutschen Nationalbibliografie; detaillierte bibliografische Daten sind im
Internet über dnb.dnb.de abrufbar.

ISBN: 978-3-947409-63-1